捷兔

全宇宙
最 High 的
跑步咖

唱歪歌闖禁區、
光屁股坐冰塊……
最不正經的
野跑俱樂部,
週週突破極限,
跑玩全台

台北捷兔2005年會長
Bamboo……著

目錄

152 人物側寫

關於本書

　　「捷兔」是一個發源於馬來西亞，流行於世界各地，叫做「Hash House Harriers」的非營利社交團體，簡稱為Hash、HHH、H3或3H等，華語圈大部分都稱之為「捷兔」或「捷兔會」。本書中筆者將視情況「Hash」與「捷兔」交替使用，指的都是「Hash House Harriers」，參加Hash的人稱為「Hasher」，中文稱之為「捷兔人」，不過大家都習慣叫「兔友」，從事Hash活動叫做「Hashing」，以前我們叫「跑捷兔」，用閩南語就叫「走（跑）兔仔」，現在台灣有人用「跑山」來表示Hashing，個人認為有待商榷，因為Hash和「山」並無直接關係，只是在台灣，尤其是大台北地區，剛好山多，活動範圍大都在山區而已。

　　捷兔是一個很奇特的團體，它把兩個看似互斥的元素巧妙地結合在一起。跑步、喝酒只是捷兔活動中兩個

主要元素，捷兔還有一些非捷兔人所無法想像，匪夷所思的文化，只有參加過的人才能體會。請不要用太高的道德標準來看待這群行為怪異的人，畢竟一個標榜著以喝酒為目的團體，有脫序的行為本就不足為奇，但酒精能增進社交功效卻是不爭的事實，更何況「捷兔會」標榜的是一個社交團體。台灣北部的登山或各類型跑步團體的人，縱使沒參加過捷兔，多少也都有聽過捷兔的名聲，有讚佩的，也有非議的，看完本書你就會知道原因了。

跑跑捷兔 1日特輯

【獵狗抓兔子】

沒 參加過捷兔的讀者一定很好奇捷兔到底怎麼玩？先來看一下台北捷兔第2541次跑步的整個過程，就會對捷兔的整體活動有一個大略的了解。老兔友也可以瀏覽一下，虛擬跑一次，說不定會發現新大陸。敘述中提到的名字不認識無所謂，不是本書重點，其他捷兔用語在後面篇幅會有較詳細的介紹。

台北捷兔第2541次跑步開跑

又到了翹首企盼的週末，和Softy約在南京復興站8號出口，搭他的便車去跑捷兔，捷兔人大部分都會共乘，一來節能減碳，再者，山上停車地方經常很有限，共乘可減少負荷。

神經病才會在這種天上山跑步

天氣陰霾，早上太陽雖然露了一下臉，下午又開始下起小雨。對捷兔而言，天氣如何從來就不是一個問題，台北捷兔成立將近50年來從未開過天窗，風雨無阻，甚至連SARS期間，也沒間斷過。直到2021年5月，被那個鬼疫情中斷了，破了台北捷兔將近50年的紀錄。疫情三級警戒

台北捷兔第2541次跑步高度圖

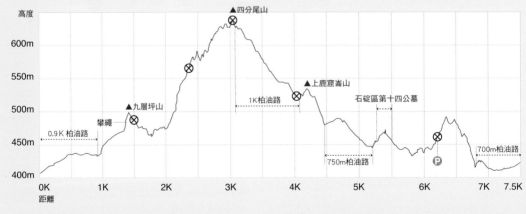

最低點＝405m　最高點＝636m　高低差＝230m　總爬升＝415m　（2021-11-20）

©Bamboo 2019 V1.2

台北捷兔第2541次跑步路線圖

指引到集合地點的記號

期間，政府明令禁止超過10個人以上的戶外聚集，會長不敢忤逆法令，在星期五晚上緊急叫停隔日的活動，Tooth Pick（牙籤）是當週的兔子，已經準備好了將近200份的滷味、油飯、貢丸湯要來孝敬眾生，誰知道臨時出狀況，只好送給沒收到通知，上山跑步的人打包帶回家。聽說這條路線規劃得不錯，牙籤應要求再次下海以饗大眾，就是今天的路線。

根據週報記載，跑步地點在新北市石碇區的光明里活動中心，指引到集合點的麵粉記號從舊莊公車總站開始。車經南港中央研究院，轉進舊莊街後，果然在公車總站的對面，就看到2條麵粉記號，但接下來的5、6公里路，竟然半點記號都沒有。平常指引汽車到集合地點的麵粉記號，大約幾百公尺就會撒一撮，在岔路口更會標示清楚，因為今天的集合地點「光明里活動中心」已經來過多次，所以並沒有很擔心，但對路況不熟的人太久沒看到記號，就會開始懷疑是不是走錯路了。經過幾個之字型上坡後，直到位於三岔路口的鹿窟事件紀念碑才又看到記號，指引右轉往光明里活動中心方向，兔子實在是有點偷懶啊。左轉那條路則是通往汐止的勤進路。

到達集合地點後，靠近活動中心的路

邊已停滿了車子，越晚到的就得停得越遠。到達現場第一件事就是找Hash Cash繳費，再將汽車鑰匙放到啤酒車上的一個鑰匙盒內。把鑰匙交出來很重要，有幾個用意：

1. 防止鑰匙帶在身上，不慎掉在山裡，回不了家。
2. 停車地方難免會有臨時狀況，尤其是在道路狹窄的山區，留鑰匙方便別人幫忙移車。
3. 最重要的是，兔子可以根據鑰匙盒裡鑰匙的數量，知道還有多少獵狗未歸，尤其是單獨開車來的兔友。台北捷兔不點名，只看鑰匙。

路邊已停滿車

深山裡的光明里活動中心

下午2:15，兔子出發時間已到，但還不見會長Mosquito的蹤影，2個副會長也都沒到。家裡無大人，只好由剛卸任的前會長E-Life主持開跑大典。副兔子Sand Nigger大略交代一下注意事項後，正副兔子竟然分別從馬路的兩側奔去。原來兔子早上已經把大部分的記號都做好了，只留前後一小段意思一下，做做樣子，這是所謂的「Dead Hare（死兔子）」。

根據台北捷兔的傳統，獵狗在兔子起跑後13分鐘開始Walking，也就是先步行熱身，2分鐘後才可以開始跑步，尤其是當兔子的路線是現做的。實務上，現在有所謂的「偷跑部隊」，在兔子還沒開跑就已出發，他們會先向兔子打探消息，假如兔子堅決不漏口風，就會在附近亂闖，時常也會被他們發現麵粉記號，這未嘗不是另外一種抓兔子的樂趣。但有時會找到回程的記號，反方向倒著跑，今天就出現這種狀況。

兔子出發後，Geep Sign（擠補賽）帶領大家做熱身操，作為純男人的亂七八糟團體，熱身操著重腰部的鍛鍊，好好預熱一下，跑步才不會閃到腰，回家無法交代。這些只剩一張嘴的老男人，通常在家一隻蟲，出外一條龍，來到台北捷兔就會生龍活虎。

Walking

很明顯的記號，
就怕獵狗
沿著水管直走

拉繩索
比較省力

一開跑，
「五佰」
已不見人影

左轉
上山路

抓到倒行逆施的
Firewood
（王木火）

會長趕在獵狗群出發前，要拍團體照時才出現。台北捷兔準時出發的獵狗通常只剩下約三分之一左右，大部分都是精力旺盛的年輕人。台北捷兔老齡化嚴重，全世界的老捷兔會都有同樣問題。

2:30一到，會長「Walking」一聲令下，眾人循著副兔子撒麵粉的柏油路方向走去。不久，Five Hundred Miles（五佰）按耐不住腳癢，一馬當先加速起來，獵狗群紛紛跟上。雖然早知道兔子的路都已做好了，但能先破解兔子布下的陷阱，也是一種樂趣和成就感。

跑了約1公里的柏油路後，左轉進入一條小徑上山。小徑平坦好跑，路旁2、3條水管，應該是道路下方農家開闢的水管路，水管路的盡頭通常是山澗，水管沿澗而上，在集水處引水。

沒多久就看到Fire Wood（王木火）和另一隻獵狗逆向跑來，這個王木火幹過會長，後來都不學好，幹起偷跑勾當，而且還逆向而行，看來他今天應該很早出發，已經快完事了。

九層坪山
三角點

下雨天有時
會把記號
做在樹幹上

Boss為何
跨過3條線？

第一個
Check往右

沒找到正路的
Jo Gay，
被兔子耍了！

平坦泥土路沒多長，就開始了今天的第一場好戲。地上2條大大的右轉記號，就怕獵狗沒看到衝過頭。這一條綁著繩索的冷門登山路徑，地上已被前面的幾十隻獵狗踩到滑不溜丟。下雨天的山路通常越殿後越難爬，這也是獵狗拚命想跑前面的原因之一。

爬到頂部接入一條登山步道，右轉沒幾公尺就是九層坪山的三角點，標高510米，此時離起跑點已大約上升了100公尺。兔子撒了一搓麵粉在三角點上，緊接著後面3條回頭記號，Boss從後面走回來，難道沒看到3條線嗎？兔子只是想讓大家到三角點一遊而已。

第一個Check出現

正路是爬上登山步道後左轉，不到100公尺的鞍部岔路口，就碰到今天的第一個Check。在我到達前就已經聽到獵狗「ON ON」的狂吠聲從右前方傳來，兔子布下的第一個陷阱已被獵狗破解了！Jo Gay從Check處的另一條路走回來，顯然壓錯了寶。這條看起來比較明顯又好跑的路其實是個陷阱，順路一直跑下去就回到起跑點了，老兔子不會一開始就往那裡找。跑捷兔不只要靠腳，也要靠腦袋瓜玩狡兔和獵狗的鬥智遊戲。

這條比較不明顯的山路通到幾戶山中

人家的屋後，幾乎已被芒草、蕨類等植物覆蓋，只剩泥濘狹窄的小路，顯然很少有人在走動，想必是幾戶山上人家要上登山步道的捷徑。

從住家屋後出來就是鋪有柏油的道路盡頭，台灣深山裡的房子已經不是以前的土埆厝或瓦房了，而是成了洋房別墅。順著柏油馬路下來，轉個彎就看到電線桿下面一條夾雜麵粉及碎紙的記號，引導獵狗沿著古樸石階往上。隱藏在灌木後的簡樸農舍，有一條通往菜園的小木橋，過了菜園會看到一間石砌外牆的古厝，突兀的紅色屋頂顯然翻修過。石厝旁山坡上的耕地已荒廢，鑽過耕地雜草後是一條山溝。

顯然這不是登山路徑，而是兔子的逃亡路線，捷兔路線的特色就是亂鑽。這條滿是倒木、大小岩塊、蕨類以及其他喜歡陰濕環境植物的山溝，下雨就會變成小溪。今天雖時而飄下細雨，但還沒匯集成水流，長滿青苔的石頭卻因雨水的濕潤而更加濕滑，裸土也被快腳獵犬踩到毫無抓力，泥濘不堪，再好的越野鞋此時也毫無用武之地，只能手腳並用，抓住任何能夠支撐的物體往上爬。山溝的坡度越往上越陡峭，到了接近45度時不再沿山溝而上，轉而右切進入雜木林。哈林和幾隻獵犬逆行下坡，原以為他也是偷跑部隊，遭他堅決否認，他只是因為右腳被落石砸傷，決定放棄才和偷跑部隊往回走。

接下來這段雜木林根本就沒路，而是兔子劈出來的，幸虧有一條幾十公尺長的黃藤幫助大家爬上一段約60、70度的斜

全副武裝的登山客和我們的短褲短袖，甚至打赤膊形成強烈對比

坡。上斜坡後經過一段稍平緩的獸徑，最後踩著爛泥費勁地接上五四縱走步道，終於脫離苦海。

不按牌理出牌的捷兔路線

一上登山步道，第二個Check躺在步道旁，這種陷阱通常好解，只有左右兩邊的選擇。殿後的獵狗通常不擔心，前鋒獵狗破解後就會在Check旁邊做箭頭記號，如果沒發現記號，像這種下雨天，只要看泥濘地上的腳印也可以猜出十之八九。

根據步道旁的指示標誌，右轉是往耳空龜山的方向，兔子選擇向左往四分尾山逃去。這種比較熱門的登山步道跑起來很舒服，比較難走的路段還設置階梯，又可以邁開大步奔跑了。在一個鋪有枕木的上坡，碰到幾個背著大背包的登山客，聽到從後面傳來的腳步聲及喘息聲，紛紛提醒同伴讓路，想必已經有好多獵狗超越他們了。我連忙道謝說不用，我反而喜歡從他

們旁邊未鋪設枕木的原始路徑超車，步幅比較不會受階梯的限制。

雨勢有增強趨勢，霧氣漸濃，過了一段枕木階梯下坡後，就是鋪著柏油路面的產業道路，這裡是耳空龜山的登山口。穿過產業道路，麵粉記號指向對面的階梯，上階梯不到50公尺，就是視野良好的四分尾山，「五四縱走」的「四」指的就是四分尾山。此時小熊父子從後面趕來，這對父子是台北捷兔的快腳，在松山開早餐店，中午收拾完生意後再趕來捷兔跑步，因此常常會遲到，但總能不費吹灰之力就把大家甩在後頭。

四分尾山三角點旁又有一個Check，在我們到達時，跑快的獵狗早已不見蹤影，四周遍尋不到任何記號，只能重新破解。四分尾山繼續往前可達汐止大尖山，必須再繞一大圈才能回到起跑點，可能性不高。小熊從另外一條鋪有枕木階梯的步道往下搜尋未果，又跑了上來。眾人研判

四分尾山上有少見的雙三角點

找不到記號，只好回頭

正路從柏油路下去

這個Check很容易破解

遲到的小小熊很快就趕上了

記號指引上四分尾山

這個Check可能是一記回馬槍，兔子只是想引你上來看風景罷了，可惜天不從人願，雲霧渺渺，視野只有幾公尺而已。

退回柏油路，果然在地上發現一個獵犬留下來的粉筆箭頭記號，因為被雨水沖淡了，大家都沒注意到。沿著柏油路一路往下衝了將近1公里後，來到一個丁字路口，又是一個拖延獵狗的Check，這一個

「擠補賽」就地取材做指引記號

要拉繩子才能下馬路

往上鹿窟崙山的步道

Michael Jackson 要落跑了

三角點旁有麵粉，本能地往前衝

還沒到三角點就要右轉，兔子不應該在三角點旁撒麵粉，誤導獵狗

騙不了獵狗，丁字路交叉路口的對面就是一條泥土路，往前衝準沒錯。

果不其然，沒多遠就看到麵粉記號，繼續往前就是「上鹿窟崙山（又名紙寮山）」，三角點旁有一搓麵粉，跟著前面幾隻獵狗往前衝了約200公尺左右後，看到Newton及Arthur往回跑，因為一路幾百公尺都沒有記號，恐怕跑錯了。遲到的小熊說他兒子小小熊跑在前面不見回頭，於是又繼續往前跑，不知道是去找路還是找兒子。不久從後面傳來了ON ON聲，才確定此非正路。原來在三角點之前就要右轉，兔子在三角點上撒麵粉誤導了很多獵犬。Arthur一直呼喚小熊，可惜無回音，但因為小熊是勇腳中的勇腳，大家都不擔心，就沒再理他。

找回正路來到土路盡頭，將近90度的陡下要靠繩索才能下到柏油路，此時碰到正要開車落跑的1998年會長Michael

又是柏油產業道路，還好陰雨天不熱

路人甲很好奇這群瘋子在幹啥？

主要的社交功能，希望台北捷兔不會步其後塵。這也證明捷兔會員人數不宜太多，小而溫馨比較重要，樹大分枝是好事。

岔題了，繼續回來抓兔子。又是一段直下坡的柏油路，在一處轉彎處，觀景台下躲雨的路人甲乙丙問我們在幹什麼？回答他們：「我們在抓兔子。」看他們一頭霧水，也沒時間多加解釋，因

轉入圍籬旁的小徑

非熱門步道

台北天際線，在台北市區可以看到這條稜線

台北天際線→

Jackson（林火旺）。近年來台北捷兔有一個現象就是早到、早跑、早走，使我想起十幾年前去印尼萬隆參加一次Pelita Hash House Harriers，因為會員人數太多，聽說大約300、400人，所以兔子早上或前一天就把路做好，獵狗隨到隨跑，跑完就走人，否則會嚴重塞車。跑後沒噹噹也沒霸許，因此就少掉了捷兔最

石碇區十四公墓

遠眺群山，風水寶地

在我們到達前，小熊已抄捷徑到了這個十字路口，顯然Check尚未破解

為落後太多了，平常遇到好奇民眾，我都會很有耐心地向他們介紹「捷兔」活動。

接著轉進一條通往石碇區十四公墓的幽靜小路，果然是風水寶地，遠眺群山，子孫一定發達。出了夜總會後，不久又鑽進一條圍籬旁的非熱門步道；捷兔的路就是這樣，彎來繞去，從不會乖乖地一條路跑到底，這也是抓兔子的樂趣所在，你永遠猜不透兔子會怎麼逃。

找Check直接回到起跑點

然後就來到今天兔子的敗筆所在，在與「台北天際線」的登山步道交叉路口處，兔子做了一個Check，這裡有一條小路離起跑點不到300公尺。在我們到達前，小熊早已沿著台北天際線步道抄捷徑至此。抄捷徑在捷兔是被允許的，但是要量力而為，常有老前輩馬失前蹄的例子，方向沒抓準就會抄到天涯海角去，能坐計程車回來算幸運，否則又得勞師動

> 咦?! 沒看到記號就到家了？

> 回頭補了1公里後，終於看到ON IN了！

眾找人了。

Geep Sign和Boss研究了一下腳印及其他蛛絲馬跡，研判沿石階而下。雖然沒看到麵粉記號，但隱約可以聽到前方人聲鼎沸，就繼續往前，不到200米處看到有兔友在民宅旁梳洗，到家了？怎麼沒ON IN？正在疑惑時，Eject見我便說：「Bamboo你走錯了，不是從這裡回來！」第一次碰到這種狀況，找Check直接回到家的。兔子不應該在離起跑點那麼近的地方做Check，獵狗很容易不小心就找到家，後段就白做了。

為了記錄完整軌跡圖，只好回頭走回正路，Newton看我回頭也跟了上來，兩個人又多翻了一座山，補完遺漏的1公里，聽說跑正路回來的人不多。

這次跑步因為沿途拍照記錄，又跑錯幾個地方，回來後大部分人都已梳洗完畢，有些人也陸續離開了。嚐嚐是捷兔的重頭戲，應該嚐嚐完再走，也許是台北捷

> Geep Sign 在研究Check

> 腳印最多，從這裡下準沒錯

兔的老人家太多，沒玩興了。

　　冬天氣溫偏低又正好碰上陰雨，所以啤酒飲料的銷路並不好。5:00不到天色漸黑，還有好幾人沒回來，包括會長大人，只好再由E-life代理會長主持噹噹，會長4點47分25秒回來時，路燈已經亮了，今天最後回來的是Monkey Hunter

（抓猴）。

　　因為下雨，所以噹噹在活動中心內舉行。噹噹時，兔子要移交保管1個星期的「吉祥物」，台北捷兔的吉祥物時常遺失，這支用了將近10年的吉祥物已被磨脫了一層皮，一定有人拿去當替代品。關於捷兔的重頭戲「噹噹」，後有詳述。

天氣冷啤酒生意不是很好

留下噹噹的人，已寥寥無幾

我們的團體雖然亂七八糟，但我們都有乖乖做分類

還有好幾把鑰匙沒取走

交接「吉祥物」

拿到台北捷兔的吉祥物都會笑開懷！

【一切都是從Hash這個字開始】

創會者之一　Slobbo

' IF God wanted me to touch my toes, he would've located em on my knees.'
(Fatty Arbuckle, 1930)

In the beginning was the WORD and the word was HASH which set up its first kennel in the town of Kuala Lumpur in 1938, – it took years to spread, first to other parts of Malaysia, then Singapore, Oztrailya, Hong Kong, Korea and, yes ,finally arriving on the shores of Taiwan in the Year of our Lord, 1973. According to KLH3 (Mother)'s 1500th run magazine in June 73, there were only about 35 hashes in the whole 'uckin world and we– Taipei hash – were one of em.

Still can recall that fateful Sat morning in early Jan. as though it happened just yesterday. When 'Organ' – who would become the initial Taipei H3 GM – arrived on my doorstep completely out of breath on the verge of a cardiac arrest :

" Jumpin geesus, Organ, wot in 'uckin hell have ya been doin ? "

" Joggin, man, ran all the way from my house."

" Keerist, dat's only a coupla K."

" Here, read this ", as he shoves a magazine under my nose. " and gimme a cold one " sez Organ.

" Egads, wot's that layin on your mattress ? " (pointing to a half-naked babe upon entering my flat) .

" Dunno,even forgot her name. came home with me in a cab from downtown sometime after mid-nite. Sed we were cab-sharin or sumthin."

" Any good ? "

" How in hell do i know," sez I. Didnt remember she was still here til you just knocked on the 'uckin door. "

" Ya mean ya went and got sh*t-faced again ? "

" It's Fri. nite, man. Wot else is a 25 yr old with a heartbeat supposed to do."

" Well, read that article about Hash House Harriers and tell me wot ya think . " sez Organ.

After reading it three or four times i looked at Organ with a sly grin and sed " Dang, sounds like a great excuse to drink beer and get drunk ! "

" Dat's wot i figured you'd say",replied Organ." And ya know wot the best part is ... it's FOR MEN ONLY. "

" Yeah, aint it great. ya can leave the bloody sleaze at home. no worrys of some bloody 'unt buggin ya for at least one day o' the week. Let's do it man, let's doooo it ", I answered.

" Ok, then go get some clothes on and let's go over to the VFW (Very Few Whites) canteen. We gotta a lotta recruitin to do before we make our first run", suggests Organ.

" No problem-o", I say, "as soon as we mention BEER to those drunks, we'll have enough rumheads for 2 clubs."

As we're getting ready to leave, Organ sez " Aint ya forgettin sumthin ? " as he nods toward the mattress.

" Baaah, if she awakes and leaves, there's nuthin here but the bedbugs to steal, and if she's still here when i get back,well, think of it as a bonus, heh heh heh ".

Not only did we succeed in signin up more than 20 potentials in the first hour, Organ and I were placated with free piss all afternoon for comin up with such a fantastic idea. But really, the thanks belonged to the Singapore Mens hash who wrote said article in OFF DUTY magazine that made the Taipei Hash a reality. About three weeks later on Sun. Feb.04, Taipei H3 initiated its FIRST run with 8 Founders present, and nearly 50 yrs later we're still on trail as a MEN ONLY hash.

And now for the exciting rest of the story, pls turn the page if ya know how...
ONON !

Slobbo
[One of the Founders]
SBO / Ismft
[09 / 2021]

中譯版（Bamboo譯）

「如果上帝要我碰到腳趾頭，祂會把它們安在我的膝蓋上。」
——胖子·阿伯克勒[1]，1930年

一切都是從一個字開始，這個字就是Hash（捷兔），第一個捷兔會在1938年的吉隆坡成立，花了很多年才傳播開來，先傳到馬來西亞的其他城市，然後新加坡、「凹到你啊」（澳大利亞）、香港、韓國，以及……是的，終於在我主耶穌1973年的時候來到台灣這塊土地上。根據吉隆坡母會在1973年6月第1500次跑步編印的雜誌記載，全世界有他馬的35個分會，我們的——台北捷兔——就是其中之一。

依然記得那個改變命運1月初的星期六早上，恍如昨日，歷歷在目。當Organ（後來他

成為台北捷兔第一任會長）來到我家門階前，上氣不接下氣，好像快掛了一樣。

「老天鵝！Organ，你到底在衝沙小？」

「跑步啊！兄弟，從我家跑過來！」

「騙肖耶，才幾K喘成這樣！」

「這個，讀看看，」Organ把一本雜誌推到我的鼻孔下，說道：「快拿一罐涼的來（當然是啤酒）。靠！躺在你床墊上的是誰？」（他進門後，指著一個半裸的咩）。

「我哪知，她叫什麼我都忘了，昨晚半夜跟我從市區一起搭計程車回來，說要共乘或什麼的。」

「有好康？」

「天知道，」我說：「我也不知道她怎麼還一直在這裡，直到你敲他馬的門。」

「你的意思是你又去喝鐺了!?」

「星期五晚上好嗎？兄弟，一個25歲心跳還會跳的男人還能幹嘛？」

「好吧，讀一讀那篇關於Hash House Harriers的報導，看有什麼想法。」Organ說。

看了三、四遍後，我對著Organ露出詭異的微笑說：「靠！看起來是一個可以出去啤酒灌到醉的好藉口。」

「我就知道你會這樣說。」Organ回答道：「而且，你知道嗎？最棒的地方就是……只限男生。」

「是啊！真的很屌，你可以把那口子留在家裡，至少有每個禮拜有一天不用聽那些臭娘們嘮嘮叨叨的，快來去搞，兄弟，快點搞搞搞搞。」我答道。

「好，快去穿好衣服，我們去ＶＦＷ（Very Few Whites[2]）福利社，開跑前我們還有很多招募工作要做。」Organ建議道。

「不會有問題的啦！」我說：「只要我們跟那些酒鬼提到『啤酒』，至少可以拉到兩拖拉庫的人。」

當我們準備好要出門時，Organ說：「你是不是忘了什麼？」他朝那個床墊嘟嘟頭。

「叭……如果她醒來後就離開，這裡除了跳蚤外也沒什麼可偷的，如果我回來時她還在，就把它當作中獎好了，嘿嘿。」

我們不只成功地在第一個小時內就招到20個有興趣的，而且因為提出了這個好點子，Organ跟我整個下午都被招待免費的馬尿。但說真的，還是要感謝在《Off Duty》雜誌寫文章介紹新加坡Hash的那個傢伙，才有今天的台北捷兔。大約3個禮拜後的1973年2月4日星期日，台北捷兔啟動了第一次的跑步，8個創會者出席這個歷史性的時刻。將近50年後，我們仍然奔馳於山徑，而且保持「只限男生」的Hash。

現在如果你想知道之後發生了哪些好玩的事，請翻開書頁，如果你會翻書的話……

ONON！

註釋

① 美國默片演員。

② VFW為美國海外作戰退伍軍人協會（Veterans of Foreign Wars）縮寫，Slobbo都把它戲稱為Very Few Whites。

【一直跑步，跑到天涯海角】

振興醫院一般外科主治醫生
Hash Doctor 邱一洲

是一個很偶然的邀請，而且是連續4、5年的邀請。我的表哥Slow Couch每年過年到家裡來泡茶聊天，都會跟我提及，台北捷兔是英國人辦的社團，在北台灣滿山遍野地跑步。終於在民國87年過年後第一次參加了，那次的路線是在行義路的路底，現在還在的溫泉土雞城。

現在回想起來，路線都很輕鬆，但是第一次跑步，身體震撼很大，幾乎鐵腿了5天才好。第二個禮拜在內湖的碧山巖，路線是直線往下，一直到山谷的小溪，然後蜿蜒往上。記得後面的兔友是鉗子（Penchi），一直說：

「前面新來的朋友 看你腳開開的，快要走不動了齁。」

到達稜線以後，後面的兔友魚貫地超越，才發現自己的腳程很差。但是跑回來以後Down Down還有唱歌都很好玩，也結識了不少朋友。之後在後面的跑步，記得是在萬里的海邊，我就邀請了吳主任、金老師參加，再過一個星期內湖的山莊跑步，我請浩哥參加，榮總的陣容就這樣到齊了。

這段期間也經過了二十多年，我曾在內湖跑步時，看著Bamboo因為彎度太大又衝太快，掉到山谷3次。也曾經在土城跑步時，因為旁邊的鐵鏽垃圾很多，刮傷了Bamboo臉部，在吳主任的營救下，Bamboo到吳主任的學生位於土城的醫院做美容縫合，諸多的事蹟不勝枚舉。

欣聞Bamboo出版捷兔相關回憶，共襄盛舉之餘，也祝大家繼續跑步，繼續飛翔。我們捷兔開枝散葉，從China Hash、台灣熊、新北Hash，還有Bush Baby、野人，以及阿超、阿狗、Buda創辦的天堂Hash。就一直跑步，跑到天涯海角，ON ON。

【為捷兔留下歷史記憶】

欠的，總有一天還是要還。念書時，整個年級有三百多個同學，歷史課只有2個人補考，我乃其中之一。沒想到四十幾年後，才要來重修捷兔的歷史。

從發現一個印度裔老捷兔人Guru交給我保管的一堆雜物，原來都是捷兔的珍貴史料後，就萌生把它整理成冊，以免年久失傳的想法。怎奈惰性使然，多年來僅止於空想，沒有付諸行動。直到某天，任職於出版社的捷兔友人New Book王竟為問我有沒有興趣寫一本關於捷兔的書，他任職的公司想要出版相關書籍，正中我下懷，一拍即合，就答應了。

本以為憑幾年寫捷兔週報報導以及在社交媒體寫短文的經驗，寫一本關於台北捷兔的書籍應沒多大問題，沒想到動筆後，就發現寫書和寫短文完全是兩回事。筆者非文科出身，舞文弄墨本就不在行，很快就文思枯竭了。會堅持下來的主要原因是，台北捷兔乃台灣馬拉松及越野跑步的開路先鋒，這段歷史在台灣的跑圈少人知曉，甚少被人提及，為了替台北捷兔在台灣的跑界留下一些歷史記憶，只好咬牙苦撐，雖無華麗詞藻，平實記載應該還行。

理工背景及多年從事研發工作的關係，對於資料的準確性要求比較高，時常為了兩三行字，花好幾天找資料，嚴重影響寫作進度。此間，才察覺人的記憶有時並不十分可靠，同一人在不同時期對同一件事的描寫也常有出入，得花更多時間求證真偽，差點把書寫成考古書籍。例如台北結捷兔創會者咸認有4位，皆引用Guru在捷兔各時期刊物所撰寫的內容。查閱資料過程中，發現早期週報的記載，創會者5、6、7、8人皆有之，後經與Slobbo研究後，才確認第一次跑捷兔8個人的名字。在一篇特刊中，他所撰寫的文章裡也誤植其中一位。其他各分會的創會者及創會緣由，也花了不少時間求證，更正一些流傳已久謬誤。

本書以描述台北捷兔為主，其他捷兔會的文化或有些許不同，但大同小異。全書最開頭記錄一次台北捷兔完整的活動過程，專為沒參過捷兔的讀者所寫。之後內容共分4個單元：第1單元介紹捷兔的起源及在台灣的發展過程；第2單元介紹捷兔特有的元素及文化，演進過程及今昔異同；第3單元紀錄一些發生在捷兔的大小事，有無參加過捷兔的讀者應該都有興趣一讀；最後一個單元則介紹幾個有故事的兔友。

本書承蒙眾多捷兔好友的大力協助，才得以完成。首先要感謝TY Wanker王財鍩兩次帶我到天母找出台北捷兔第一次跑步的起終點；將1000、2000份週報掃描成電子檔的Melamine蘇冠綸，方便筆者查閱；以及Twin Ass張啟宏、Relax許欽松及Sewing Machine戴燦邦等3人無私的提供整顆硬碟，供筆者選用活動照片，其他提供珍貴照片及史料的諸多兔友就不一一羅列，在此一併致謝。

捷兔在台灣發展將已將近半個世紀，開枝散葉，且日益茁壯，僅將本書獻給即將50週歲的台北捷兔，ON ON！

捷兔
是什麼？

捷兔到底是什麼呢？別說圈外人，甚至有些在捷兔圈打混幾十年的人也都說不清楚。有人說是慢跑團體，有說是跑山、野跑或亂跑等，都不是很全面，跑步只是捷兔活動中的一部分，從全世界捷兔界最流行的一句捷兔自嘲名言：「A Drinking Club With A Running Problem」，就可以大概了解這個團體的屬性。因為語言文化關係，直譯成「一個有跑步問題的喝酒俱樂部」不是很容易讓人理解，也無法表達原意，貼切一點說就是「跑步不行，喝酒厲害」。個人常用「拿跑步當幌子的喝酒俱樂部」來形容捷兔。如果你喜歡跑步又喜歡喝兩杯，捷兔絕對是首選，但如果你有身體或道德潔癖，建議還是別來參加捷兔，以免被帶壞。

【捷兔的由來】

當今還流行於世的國際性運動或社團，並非一蹴而就，必定是經過一段長時間的演化，並隨著各時期主事者的主觀認定或個人好惡，增減其中的元素，才演變成當今的模樣。捷兔也不例外，有它的歷史發展軌跡。

從獵狐到抓兔子活動

捷兔的歷史最早可以追溯到16世紀伊莉莎白一世時代的英國，當時的英國在學校裡就流行一種叫做獵狐（Hunt the Fox）或獵兔（Hunt the Hare）的遊戲，據說在莎士比亞的《哈姆雷特》劇作裡，第四幕第二場的最後一句台詞「Hide, fox, and all after」就是獵狐遊戲的用語，這種遊戲到底怎麼玩，我沒研究，感覺頗似躲貓貓。

19世紀初，這種遊戲發展成為一種稱為「狩獵（The Hunt）」或「獵狗（The Hounds）」的戶外遊戲，用來訓練年輕人成年後的獵狐技巧，當時獵狐在英國是很普遍的休閒活動。遊戲規則是2個跑者用碎紙做記號，當作是狐狸的氣味或排泄物，提前一段時間出發，沿路放置。其他人則扮演獵狗，循著記號追逐狐狸，目標是在狐狸到達預設的終點前抓到他們，所以這個遊戲又被稱為「碎紙追蹤（Paper Chase）」，碎紙用的是撕碎舊報紙、雜誌或書籍。

到了19世紀中葉，這種原本是小孩子的遊戲，被成年人拿來當狩獵淡季時的健身活動，多少帶點回憶年輕時的情懷，他們用野兔（Hare）取代了狐狸，所以又稱為「Hare and Hounds」。當時在英國有很多「Hare and Hounds」俱樂部，有些甚至到現在都還在運作，最有名的就是「Thames Hare and Hounds」。

19世紀末，這種抓兔子的活動已經發展成為一般學校很普遍的競賽運動，稱為「Harriers」，尤其是足球學校（Rugby school）。「Hound」通常是指抓狐狸的獵犬，「Harrier」這個品種的獵犬是專門培育來抓野兔的，所以抓兔子用此名稱比「Hound」貼切，中文稱為「獵兔犬」。常被拿來當寵物的米格魯（Beagle）也是獵兔犬的一種，外觀與Harrier幾無二致，只是體型較小。另外，有一種叫做「鷂」的鷹鷹也叫「Harrier」，很顯然，這裡的「Harriers」指的不是鷹鷹。這種運動（或遊戲）後來在學校裡因板球（Cricket）及橄欖球（Rugby）的流行，漸漸被取代，但民間還是很多業餘愛好者在玩。

Harrier（獵兔犬）

Beagle（米格魯）

Hash House Harriers首度出現

20世紀初在大英帝國殖民時代的馬來西亞（當時稱馬來亞），很多從英國及其他殖民地來的公務員，以及各行各業來做生意的外派人員，自然而然地就在這裡形成一些群體，「Harriers」這種遊戲也被他們帶了進來，當時在怡保、麻六甲、新山、甚至砂勞越等地都出現過叫「Harriers」的俱樂部，例如在麻六甲的Springgit Harriers及怡保的Kinda Harriers等。

一位有西班牙加泰隆尼亞血統，名叫Albert Stephen Ignatius Gispert（A. S. Gispert）的英國人，在1928年時，25歲的他以會計師的身分申請外派到馬來西亞吉隆坡，據說他在學生時代也曾經玩過Harriers的遊戲。1937年間他在麻六甲

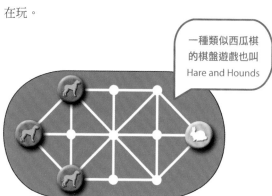

一種類似西瓜棋的棋盤遊戲也叫
Hare and Hounds

A. S. Gispert

坐落在現今吉隆坡獨立廣場旁的雪蘭莪俱樂部Hash House，可惜在1964年為了開路被拆除

工作時，就曾參加過那裡的Springgit Harriers俱樂部。後來他又回到吉隆坡，經常在星期一工作結束後的傍晚，與在雪蘭莪俱樂部（Selangor Club）餐廳小酒館打混的單身漢們，在老吉隆坡附近玩這種抓兔子的跑步運動，用來消除週末狂歡後的宿醉，以提振精神。因為這裡餐廳所提供的伙食單調難吃，所以大家就戲稱這個地方為「Hash House」，在英國俚語裡，「Hash」是指難吃的食物，也就是說，這裡的食物只是用來填飽肚子，談不上美味。

1938年時，常在一起玩遊戲的增加到了9個人，他們就萌生跟其他地方一樣，成立一個「Harriers」俱樂部的想法，Gispert提議用「Hash House Harriers」來當社團名稱，帶一點戲謔，念起來又押韻順口，獲得大家一致同意。

為社團取名一般都傾向於選用比較正面的詞句，用「Hash House」來當他們這個Harriers社團的名稱，從取名看來，本身就帶有詼諧滑稽，捉狹成分居多，Hash又有雜七雜八、亂七八糟的意思，從這裡就可以看出Gispert是一個幽默風趣，不是一板一眼的人。他不是運動員，所以創立這個社團並非以競賽為目的，而是帶

著些許休閒胡鬧、社交的性質。

戰後蓬勃發展

Hash House Harriers成立後沒多久，第二次世界大戰就爆發了，1941年戰火蔓延到馬來半島，Hash活動被迫中止，Gispert也加入馬來聯邦自願軍參與對抗日軍的戰爭。但很不幸的，1942年初他在新加坡的一次戰役中陣亡了。

二戰結束後，除了Gispert以外的其他成員，很快地就恢復Hash House Harriers的活動。在爾後的十幾年間，「Hash House Harriers」只是馬來西亞眾多Harriers社團中的一員。到了1962年，一位叫Ian Cumming的前吉隆坡Hash會員在新加坡成立了第二個Hash House Harriers。爾後Hash就如雨後春筍般地在世界各城市相繼創立，從遠東擴散到澳洲、紐西蘭、北美、歐洲等地，甚至在南極洲都有2個捷兔會，估計到2022年為止，全世界約有兩千多個Hash House Harriers分會。

Hash在1970年代之後會傳播得那麼快，主要是當初Ian Cumming在成立新加坡Hash前，有諮詢過吉隆坡方面關於使用「Hash House Harriers」名稱在新加坡成立分會，以及兩會之間關係的相關事宜時，得到的答覆大意是：「你們高興怎麼玩就怎麼玩吧！跟我們沒有隸屬關係，但且讓我們知道你們的進展得如何即可。」從此以後就奠定了Hash亂七八糟的基礎。

母會放棄了Hash House Harriers名

稱的專用權，就不會像其他社團一樣，有一個總會來審核或批准各地分會的設立，任何人想成立分會就成立，玩不下去就關門，自由隨性，這種現象在世界性的社團組織中非常的獨特。後來，原本只用「Hash House Harriers」的母會也冠上Kuala Lumpur的名稱以避免產生混淆，這點與Taipei Hash House Harriers原來只稱「捷兔」，後來改為「台北捷兔」類似。至於KL Hash後來為何改稱為「Mother Hash」，是否與新加坡Hash自稱為「Father Hash」有關就不得而知了。

2018年參加Mother Hash 80週年慶的戰利品

衣櫥裡還有一件1992年KLH3時期的T恤

捷兔宗旨

1951年2月，當Hash House Harriers被吉隆坡市政府要求必須登記為社團時，從他們提出的成立宗旨上就可以看出這個社團的奇特處，這4條宗旨到現在還是被Hash界奉行為圭臬。

★ To promote physical fitness among our members

為了增強會員體能

（這一條比較正常，很多運動社團都這樣寫）

★ To get rid of weekend hangovers

為了消除週末的宿醉

（看出這是酒鬼成立的社團了嗎？）

★ To acquire a good thirst and to satisfy it in beer

為了搞成口乾舌燥以暢飲啤酒

（從這點就可以看出跑步只是手段，喝啤酒才是目的）

★ To persuade the older members that they are not as old as they feel

為了說服老會員不要感覺自己已老

（這就能解釋為什麼捷兔人的行為，常讓人覺得幼稚可笑了）

4條成立宗旨裡，一句都沒提到跑步，第一條勉強沾上邊，卻把宿醉、啤酒列於其中，捷兔是何種性質社團不言而喻。在台北捷兔的刊物裡，也常列入這4條捷兔成立宗旨，卻沒有把其中第2、3條捷兔的特色闡釋清楚，讓大家了解捷兔的真面目，甚為可惜。

長達7米的Hash族譜

因為Hash是非營利性質，各分會（Kennel或Chapter）之間並無上下隸屬及利益關係，所以組織鬆散，沒有階層架構，各自獨立運作。話雖如此，因為有了Father也有了Mother，所以各分會間還是存在著血緣關係。Mother Hash的William "Tumbling Bill" Panton致力於Hash 族譜的整理工作，根據他的定義，分會創會者在創會時，最後且經常持續參加的捷兔會，即為該新會的母會。

1998年吉隆坡舉辦InterHash時，William發行了第一版的Hash族譜，收錄了約1100個分會，詳細地列出各分會間的關係。我第一次碰到William是2年後在澳洲塔斯曼尼亞（Tasmania）舉行的Interhash，他在一個小房間裡展售Hash族譜，該族譜展開將近7米長，我看了如獲至寶，二話不說馬上購入一本珍藏。這本族譜是他發行的第2個版本，已經增加到1300個分會，據估計當時全世界約有2100個分會，所以還有大約800個分會還沒被納入，在那個網路還不是很發達的年代，且新創及消失的分會不斷變動的情況下，能完成如此艱辛的任務實屬不易，也令人敬佩。

第二次與他碰面是在2003年，他來台灣做田野調查，拜訪各分會，蒐集創會資料。我接他到當天在北投詹氏宗祠的跑步地點，會見了台北捷兔創會元老Slobbo，並送他一本台北捷兔2001年特刊，存放在吉隆坡的捷兔遺產基金會（Hash

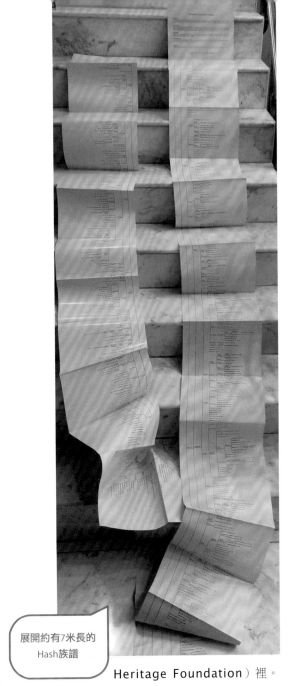

展開約有7米長的Hash族譜

Heritage Foundation）裡。這個由他發起的基金會，致力於Hash文物遺產的保存，並試圖籌募基金，重建Hash House。2019年7月23日他離世後，這個基金會由Hash託管委員會接管運營。

Slobbo（左）、William Panton（中）與筆者Bamboo（右）

William Panton寄贈的Mother Hash 3000次跑步特刊

William Panton & Slobbo

只限男性參加的捷兔會

早期成立的捷兔會，大都遵循母會傳統，其中有2個主要特點。

第一個特點，捷兔會只有男生才可參加，會員限定為男性是歷史傳統，打獵本來就是男人的活動，父系社會使然，捷兔只有男生在玩理所當然，尤其在女生都還

沒有投票權的時代。雖然在1927到1932年間，吉隆坡曾經短暫出現過男女混跑的Harriers社團，但只能算特例。後來女權高漲了，才產生男女都可參加，甚至純女生的捷兔會。

女性捷兔會一般稱為「Hash House Harriets」或「Hash House Harriettes」，男女混合的捷兔會就稱為「Hash House Harriers & Harriets」；但在台灣就無此分別，一律使用中性統稱的「Harriers」。在馬來西亞及印尼，純男性的捷兔會成立一個叫「Batang Nash Hash」的聯盟，每年舉辦一次聚會，他們以純男性捷兔會為榮，「Batang」的馬來語是「一根」的意思，那一根指的是什麼就不用多解釋了。

第二個特點，跑步時間都在星期一晚上，在星期一晚上跑步就是為了消除週末喝太多的宿醉，這也是Hash House Harriers成立的本意，結果是跑完後繼續再喝，很奇怪的邏輯不是嗎？這就是Hash，找機會喝酒，跑步只是為了喝更多的酒、多喝幾年的酒。我曾經跑過的海外純男性捷兔會都是在星期一晚上跑步，只有我的母會台北捷兔除外，台北捷兔會在星期六下午跑步，又是另外一件有趣的故事了，繼續看下去就會知道原委。

台北捷兔成立於1973年2月，當然也是遵循傳統，只有男性才可以參加，也是台灣目前唯一純男性的捷兔團體。台北捷兔成立時，全世界只有四十幾個捷兔會，我從Hash族譜上算了一下，在一千多個捷

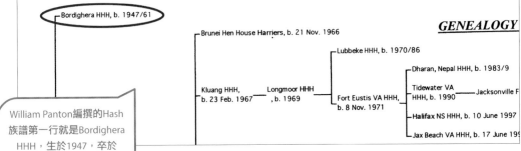

GENEALOGY

Bordighera HHH, b. 1947/61

Brunei Hen House Harriers, b. 21 Nov. 1966

Lubbeke HHH, b. 1970/86

Dharan, Nepal HHH, b. 1983/9

Kluang HHH, b. 23 Feb. 1967

Longmoor HHH, b. 1969

Fort Eustis VA HHH, b. 8 Nov. 1971

Tidewater VA HHH, b. 1990

Jacksonville F

Halifax NS HHH, b. 10 June 1997

Jax Beach VA HHH, b. 17 June 199

> William Panton編撰的Hash族譜第一行就是Bordighera HHH，生於1947，卒於1961，但考據不出創會者是否真的存在

兔會裡，台北捷兔排名第44，但在台北捷兔成立幾個月後，Mother Hash的1500次跑步紀念特刊上只記錄著全世界共有33個Hash分會，台北捷兔是其中一個。當時資訊沒現在發達，遺漏在所難免，無論如何，台北捷兔在全球捷兔界的輩分算是相當高的。

兩個爭議

關於Bordighera H3存在的爭議

在William Panton的Hash族譜裡，第一行就是一個成立於1947年，比新加坡還早的捷兔會，位於義大利地中海邊度假勝地的Bordighera HHH，很多捷兔會的歷史故事裡都有提到，但根據一位英國捷兔人Amnesia的調查結論：這是一場騙局，找不到任何有關創會者Gus Mackey存在的證據。二戰前的吉隆坡Hash沒有這個人，二戰期間英軍的名單、德國二戰戰俘營……皆沒有類似名稱的人，無法證明創會者存在，其他的荒野傳說就別提了。

關於馬來西亞對捷兔起源的爭議

常聽到一些馬來西亞的朋友，尤其是怡保（Ipoh）或新山（Johor Bahru）地區的捷兔會，對於捷兔會起源於吉隆坡不是很認同，認為他們的會成立得比吉隆坡還早，我覺得這只是認知上的誤解。

根據考據，1913年在怡保及1932年在新山就已經有「Harriers」的俱樂部在活動，這點大致沒什麼爭議，馬來西亞其他地方也都有這類俱樂部，但他們都叫「Harriers」再冠上一個名字，作為社團間的區別。例如Gispert就在1937年參加過麻六甲的「Sprintgit Harriers」，既然「Harriers」是在英國流行的運動，隨著殖民官員及外派人員，將此運動傳播到世界各殖民地，理應是很正常的事。但叫做「Hash House Harriers」並加入「其他元素」，是大家公認Hash的特點，因此簡稱也從「Harriers」變成了「Hash」，至於目前Hash在玩的哪些元素是Harriers本來就有？哪些元素是Hash House後來才加上去的？依個人推斷，前半段跑步追兔子無庸置疑是「Harriers」原來就有的傳統遊戲，跑完後的Circle、Down Down及其他稀奇古怪等活動，合理懷疑應該是「Hash House Harriers」後來才逐漸加入的。目前仍然有些叫做「Harriers」或「Hares and Hounds」的俱樂部，其玩法也漸漸Hash化了。

> 專門報導Harrier活動的雜誌，Mother Hash 80週年慶那一期以Hash的創會者Gispert為封面，右下角就是Hash House

【Hash規則】

作為一個亂七八糟的團體，規則應該是越少越好，才好作亂，Mother Hash也建議Hash不要訂定太多規則，因此國際上的捷兔界就有這樣的流傳：

第1條：Hash沒有規則。

第2條：如果一定要有規則，請參考第1條。

第3條：如果前兩條都不適用，GM（會長）的話就是規則。

美國的休士頓捷兔的規則更鮮，摘錄共享：「我們現在沒有規則，以前有過一條，但已經遺失很久了，希望撿到的人能夠奉還。」

哈！鮮吧，這就是Hash！

Hash House Harriers No Rules, Only Traditions!
捷兔-沒有規則，只有傳統

雖然沒有規則，但還是有禁止的行為

雖說Hash沒有規則，但一般都遵照傳統行事，所以有些基本原則還是要遵守，那就是捷兔不得牽涉政治、宗教及商業行為。前兩項很明確地絕對禁止，任何人不得引入政治活動，把捷兔當成政治人物的附屬團體或宣傳工具，或舉辦帶有政治色彩的活動，宗教也一樣。

捷兔會成員本來就是三教九流，各種意識型態、宗教信仰的人都有，在捷兔大家庭裡，大家互相尊重，和平相處，其樂融融，被政治及宗教入侵，就無法保持捷兔原有天真無邪的傳統精神了。至於有人調侃說捷兔本身就是一種宗教，而且是邪教組織，哪容得下其他宗教？這當然是中毒太深，身陷其中無法自拔的捷兔人自我解嘲的玩笑話，但捷兔強大的包容力是不爭的事實。

捷兔會裡各行各業的人都有，現代社會很難避免商業行為，所以商業行為在捷兔裡一直存在著一些模糊地帶，但只要把握兩個原則即可避免爭議。

一是不舉辦或宣傳以營利為目的活動，捷兔會是非營利團體，每次舉辦活動的經費必須儘量使用於該次活動，回饋當次活動的參加人員。二是不主動，不得利用捷兔關係進行直銷、拉保險或其他的行銷行為，以免造成會員的困擾。至於會內有需要與個人從事的行業有關的業務時，不主動爭取以避免承辦人員的困擾是必須把握的原則。這和一般的傳銷或業務員的積極主動態度背道而馳，沒錯！捷兔會是社交團體，不是青商會。我介紹朋友進捷兔時都會先聲明不要來捷兔做生意，它是休閒舒壓的地方，不是為了賺錢來增加壓力的。

台北捷兔草創時期規章

台北捷兔草創之初，印了一份簡介，讓會員或想參加的人了解捷兔大概是怎麼一回事，也算是招募傳單。過了將近50年，雖然有些規則已經有所改變，但大部分條文到現在依然適用，先來看看到底寫些什麼？

什麼是捷兔？什麼是獵狗？
關於捷兔的一切

捷兔會是一個屬於男人的非競賽運動，獵狗就是來享受捷兔會的人。

如你所知，捷兔會傾向盡可能地減少規則，營運編制越少越好。無論如何，訂定一些指導原則可以協助大多數的會員盡情地享受捷兔的樂趣，並增進會員之間的情誼。

傳統上，捷兔都在星期一下午5:00點活動，但在台灣，我們是在星期天中午12:00集合，緊接著就開始跑步，除非有事延遲。正副兔子比其他人提前30分鐘出發，沿路撒一些小彩色紙片做記號，獵狗則盡全力去抓兔子，如果兔子被抓到，就要在到達終點後幫抓到他的人付酒錢，終點只有2個兔子知道。路線多長多短由兔子自己決定，一般平均在1小時到1.5小時左右。當會長喊ON ON後，獵狗就可以根據「捷兔倫理」規定，用奔的、跑的、爬的、滾的、走的、游的等各種方式，循著路跡回到啤酒處，在啤酒被喝光之前回來，是你要用何種方式的首要考量重點。跑完後會有ON ON，直到啤酒喝光為止。

捷兔倫理：

1. 一定要準時到達，否則為了趕上別人，你會跑到上西天。
2. 盡可能聚在一起跑，並幫助新進人員。
3. 不要一個人亂衝，施行2人一組政策以策安全。
4. 在Check找到正路後，應該大聲喊幾次ON ON直到大家都跟上。
5. 尊重當地的私人產業：農作物，小橋、稻田等。
6. 跑在正路上的獵狗可以喊ON ON，跑在前面的更應該要喊。
7. 起跑時速度稍微慢一點，這樣可以撐得比較久。
8. 照著自己的節奏跑或走，沒必要跟別人拚死活。
9. 不要超越「以為自己是在跑步」的獵狗。

"WHAT IS THE HASH - WHAT IS A HASHER?"
'WHAT THE HASHING ALL ABOUT'

The HASH is a non-competitive sport for gentlemen.
A HASHER is one who enjoys the HASH.

The HASH is intended to be conducted with as few rules as possible and the less organisation the better, as you might have noticed. However some guidelines are set down to assist the majority of members to obtain the maximum enjoyment from the HASH and to reach the higher orders of HASHMANSHIP.

Traditionally the HASH is held every Monday at 5 pm however we here on Taiwan have been meeting on Sundays at 1200 hours. The ON ON is always prompt except when its late. A HARE and CO-HARE set off 30 minutes before anyone else and leave a trail by dropping bits of colored paper. The HASHERS do their damndest to catch them. If they do succeed the HASHERS must pay for the beer at the end of the run -- the end is known only to the two Hares. A run can be as long or as short as the HARES wish to make it. We have been averaging around one hour and half. From the time the HASH MASTER calls on on the HASHERS are expected to follow HASH MENUES as they run/jog/crawl/hobble/walk/wade or swim around the trail back to the beer. To get back to the beer before it is all gone is one of the prime considerations. After the run there is an ON ON, till the beer is all gone.

The following are HASH MENUES:

1. Always be on time, or you will have to run like hell to catch up.
2. Keep together as far as practicable, help newcomers along.
3. Don't dash off alone. Practice the "Buddy System".
4. When you find the trail after a check let everybody else know by a loud ON ON repeated several times till the main group reforms and catches up.
5. Respect property of the "locals" - growing crops, bridges, paddy fields etc.
6. Any hounds may call ON ON when on the trail, hounds at the front should do so.
7. Take the start of the run slowly, you last better that way.
8. Run or walk at your own pace, there is no need to run faster than anyone else.
9. A Hound should never pass another hound who is under the impression that he is running.

HARES:

1. Do at least one thorough re-con of your run prior to leading the Hounds.
2. Take plenty of paper with you. Lay a good plain trail.
3. Leave in plenty of time to set a good run with plenty of variety.
4. Set a run, not a swim.
5. Don't go home until ALL the hounds are back. You have a moral responsibility to go out and find any lost ones.
6. Try not to lay a false trail.
7. Never cross your own trail and try to avoid coming with in less than 300 yds of it.
8. If in the second half of the run you come within seeing of the beer since and the HOUNDS see it don't expect many HOUNDS to follow you. They won't!!

The above is the gist of the HASHers --

Come run with us.

兔子：

1. 做路給其他獵狗追之前，自己一定要從頭到尾確認一次路線。
2. 要帶足夠的紙，做一條清楚的好路。
3. 預留充足的時間，好做一條多變化的路線。
4. 做跑步的路，不是游泳的路。
5. 在獵狗還沒有全部回來之前，兔子不可以先溜回家，兔子有道義責任找回迷途的獵狗。
6. 儘量不要做假路。
7. 路線千萬不要交岔，路線間避免靠得太近，最好不要少於300碼。
8. 如果路線的後半段太靠近啤酒站，千萬別讓獵狗看到，否則別指望獵狗會照你的路繼續跑，絕對不會！

以上是給捷兔人的「肖」話。
來跟我們一起跑吧！

從這份文件我們就可以考古出台北捷兔的早期情況，歸納一下。

1. 首先開宗明義闡明捷兔是男人的遊戲，女生止步，這是台北捷兔一直引以為傲的「優良」傳統。
2. 台北捷兔的活動時間現已改為星期六下午2:30。
3. 兔子提早30分鐘出發，現在則是提早15分鐘。
4. 用紙做記號，現改為以麵粉為主。
5. 都是現撒的活兔子（Live Hare）。
6. 兔子被抓到要幫獵狗付錢，好在這項傳統沒流傳下來。
7. 跑完的活動ON ON，現在叫DOWN DOWN。
8. 捷兔倫理至今依然適用，最後一條是在「練肖話」，調侃跑不動的獵狗。
9. 給兔子的指導原則第6條——儘量不要做假路，可見當時還未引進Back Track。
10. 路線是A到B。

【組織】

所有團體的運作都需要有打雜的工作人員，作為非營利的社交團體，捷兔會的工作人員全部是義工，沒錢領，純服務性質，做不好還會挨罵，沒有古道熱腸無法勝任。最早台北捷兔叫這些人為Presiding Officers（管理官員）或Committee（委員會），1985年第666次跑步後改成Supreme Council（最高理事會），1993年後改回與Mother Hash一致，叫做Committee，委員會成員稱為「幹部」。有很多捷兔會把服務團隊叫作「Mismanagement（不善管理或不當經營團隊）」，充分展現捷兔不負責任的優良傳統，台灣目前有台中捷兔及桃園捷運兔，徹底貫徹遵守這種不負責任的態度，服務團隊稱為「Mismanagement」。

幹部的官位頭銜名堂很多，每個捷兔會會根據規模大小編列，以下幾個職務基本上大部分捷兔會都有，就是Grand Master、Joint Master、On-Sec、Hash Cash及Trail Master。

Grand Master

捷兔會的頭號人物，簡稱GM，直譯是大師父，在台灣都叫「會長」。捷兔會的「會長」權力至高無上，什麼事GM說了算（如果不怕被幹死的話）。台北捷兔最初稱最高領導為President，對應於當初的服務團隊名稱Presiding Officers，這些老外的職稱實在很難翻譯，就直接引用原文。1977年改稱Grand Hash Master，1979年才再改為與世界接軌的Grand Master。

Joint Master

協同師父，簡稱JM，也就是副會長，協助會長處理會長不願意幹的「蠢、髒、爛」事，或等待會長掛掉接替他。JM通常編制1～2位，有些會員人數較多的捷兔會則會編制到5～6人，廣結善緣（酬庸）性質居多。

On-Sec

捷兔祕書，Sec是Secretary 的縮寫，捷兔人是很懶的，能少寫一個字母算一個，有時會被尊稱為On-Sex，這裡的x是cretary的縮寫。捷兔的祕書和一般機關團體祕書的工作性質差不多，做一些文書工作，會議記錄、活動報導等等，唯一不同是On-Sex還得負責蒐集清涼照片及成人笑話分享會員，尤其在沒有網路的時代。

Hash Cash

捷兔大掌櫃，顧名思義和錢有關的都歸他管。收錢管帳，是個大肥缺，聽說幹一屆就可買車買房，是一個可以快速認識會員的職務，尤其是會員人數動輒100、200人的大型捷兔會。

Trail Master

路線師父，簡稱TM，負責找兔子安排路線。台北捷兔以前的TM很辛苦，在通訊不發達的年代，常發生活動當天安排好的兔子沒出現的窘況，這時TM就要親自上戰場，當兔子任人宰割，所以隨時備有幾條口袋路線是TM的基本要求。現在台北捷兔的TM很好當，因為有「兔子禮」當誘餌，基本上躺著幹就可以。

其他還有像管理網站、閒職顧問等等，各會視實際需要增減，會員人數少的有人身兼數職，會員人數多的則一個職位需要好幾個人才應付得來，捷兔會的彈性很大，大家玩得開心最重要。

> 1991年Slobbo再度當會長，他把Supreme Council（最高理事會，現在稱Committee）改為Supreme Pricks（最高藍教會），他自任「神級大藍教」The Grand Prick（GOD），其他還有Money Prick錢藍教、Trail Prick路線藍教……示範捷兔不要太拘泥太嚴肅

```
            1 9 9 1
     SUPREME  PRICK

THE GRAND PRICK(GOD)  :   "SLOBBO"               592-6238
JOINT PRICKS          : Ray "URUG" Raghavan      571-1802
                      : S.Y. "PICASSO" Huang     (03)533-9925-6
LITERARY PRICKS       : Eugene "JUMBO" Chan       715-2626 ext.1822
                      : George "BAMBOO" Wei       917-7141
MONEY PRICK           : Tony "MERC" Lin           782-6123
TRAIL PRICK           : J.S. "HARBOUR" Kang       551-7241
RAGS PRICK            : B.S. "BLOODSUCKER" Yeh   507-5079
BOOZE PRICK           : T.Y. "WANKER" Wang        708-1221
SPIRITUAL PRICK       : Charlie "AIRSTART" Lin   291-4050
KUNT-PRICK            : B.H. "VAGINA" Chen       594-1864

POSTAL ADDRESS: P.O. BOX 28-199 SHIH LIN 11140
               TAIPEI, TAIWAN, R.O.C.
```

【捷兔在台灣的發展】

台北捷兔的創會者與馬來西亞Mother Hash的創會者頗有類似之處，都是一些遠離故鄉，外派海外的單身漢們，囿於當時的生活條件，休閒娛樂活動不如現代般的多彩多姿，大多是利用假日聚在酒館裡喝喝小酒，打打屁聊聊天，因此才會想要搞一些有的沒的休閒娛樂活動來增加生活情趣。在美軍駐台期間，一些美國大兵除了到市區酒吧排解寂寞外，駐台美軍陸海空軍都各自設有專屬的Pub供阿兵哥們打發時間。一些退伍軍人或外商公司職員最常混跡的地方，就是當時在天母德行東路的VFW（Veterans of Foreign Wars，美國海外作戰退伍軍人協會）以及American Legion（美國退伍軍人協會）。天母地區是美軍駐台時期外國人居住聚集的地方。

1973年初，一位叫Don Hammond的美國人，讀到一本1973年1月出版的《Off Duty》①雜誌裡，有一篇由Harold Stephens所撰寫，介紹關於新加坡Hash的文章，引起他的興趣，就興沖沖地跑去找Slobbo。

「嘿！Zeke，我們也來搞個這玩意兒玩玩你覺得怎樣？」Organ對Slobbo說。

Organ（風琴）是Don Hammond的Hash Name（兔名），這個兔名的來源是因為他的姓和當時美國的一家著名電風琴製造商「Hammond Organ」一樣。

Zeke Hoffman是唯一還在台灣的捷兔創始人，Hash Name叫Slobbo，是前海軍陸戰隊員，在「人物側寫」單元裡有對他較詳細介紹。

Slobbo這傢伙雖然覺得光靠雜誌的報導，就要創一個自己都不知道怎麼玩的俱樂部有點輕率，不過想到有馬尿喝②也就同意了。接下來的幾個星期，他們就鼓起三寸不爛之舌，到處拉人來參加這個連他們自己都搞不大清楚的團體，最後他們在VFW找到一些有興趣的酒鬼。

1973年2月4日星期天，正逢農曆大年初二，良辰吉時，酒吧小姐大多回家過年去了，待在台北的這些單身漢看來已沒什搞頭，確定是開跑的好日子，結果當天來了8個人。除了Organ和Slobbo外，還有位英國物理治療師（Hash Name：Bob Jacques），他曾經幫蔣宋美齡治療過，至於治療什麼，史書並無記載。Mike McFarlane（Hash Name：Pathfinder）是退伍海軍，不久後他就搬去高雄，業餘時幫左營的海軍做事，並在幾個月後創立了高雄捷兔。另一位叫做Dave Bowers的空軍軍士，他有點重量，所以Hash Name就叫Fats。此外還有一位叫Dundee的少校，以及Eddie O'Day和Tom Pearce兩人。第一次跑步時的兔子是Organ和Fats③。

台北捷兔成立初始

第一次的跑步，是從位在天母德行東路的VFW，跑到天母圓環前天母派出所旁

中山北路七段190巷邊的一間雜貨店喝啤酒聊天；後來雜貨店的兩兄弟之一還幫台北捷兔開啤酒車，載運啤酒點心到終點。剛開始時因為沒人真正的跑過Hash，只能靠著雜誌的描述想像，所以他們的活動比較像傳統的「Hares & Hounds」或「Harreiers」，沒有拖延獵犬的招數，只是沿途用粉筆和碎紙做記號，讓獵犬追蹤到終點喝酒打屁聊天而已。

一直跑了將近3個月後的第13次跑步，一位從印尼來的訪客Gordon Wilkinson，這傢伙來台之前已經參加了兩年多的雅加達Hash（雅加達捷兔會創立於1971年3月，比台北捷兔早約2年），看到前輩們這樣玩，與Hash還相去甚遠，才教導他們Hash的真正玩法，包括做Check迷惑獵犬、Back Track拖延獵犬時間，以及跑完後的圍圈圈（Circle）Down Down喝啤酒等Hash特有且重要的儀式，下章會對這些活動有比較詳細的介紹。此後台北捷兔也開始有了週報（Newsletter），報導每週發生的趣聞軼事，並取得與其他Hash分會的交流管道，相互交換週報，分享心得趣事，台北捷兔從此踏上世界舞台，而不是關門自嗨。此時台北捷兔的名稱是Hash House Harriers, Taipei Chapter, Taiwan。

台北捷兔的創立在世界捷兔史上可說非常獨特，沒有一個捷兔會的創會者是從沒參加過其他捷兔會的活動、熟悉會務的運作後就創會的，只憑著雜誌報導就創立出一個自己都不是很了解的會，跌跌撞撞還可存活將近半個世紀，並開枝散葉，繁衍了一百多個遍布世界各地的子子孫孫，不得不佩服創會者們的勇氣及堅持不懈，想必當初他們應該也沒想到吧！因此，在Hash的族譜上，台北捷兔是被歸在新加坡Hash之下，不過我個人覺得，台北捷兔的血緣可能和雅加達Hash的連結還比較深一點，因為一些捷兔的玩法及細節傳承自雅加達Hash比較多。

台北捷兔的草創初期，參加跑步的人數很不穩定，好幾次跑步包括兔子在內也只有4、5人，很多人都不看好他們會成功，但他們很努力地到處找人參加，包括現役美國大兵、外商公司職員、美國學校教職員工等等，反正只要有機會就鼓起三寸不爛之舌遊說他人加入，當然都會用有免費啤酒喝到飽當誘餌，希望

位於天母德行東路的VFW，台灣捷兔的歷史從這裡開始。建築物依舊，但現今已成為一家幼兒園

儘快有穩定的會員，可是來一次就不見蹤影的還是占多數，真的是創業維艱啊！

Wanker（王財鎣）指著前方鐵捲門說當年的雜貨店已改建成大樓

第一次跑步的起終點，路線請讀者自己想像，沒人記得50年前怎麼跑的

天母圓環　　雜貨店

天母

VFW

American Legion

台北捷兔的兔子標誌，第一次出現在1973/5/27第15次跑步的週報上。名稱為"Hash House Harriers", Taipei Chapter, Taiwan

"HASH HOUSE HARRIERS"

TAIPEI CHAPTER, TAIWAN
FOUNDED 4 FEB. 1973

27 May 1973
Run 15

台北捷兔的兔子標誌，將近50年來幾乎沒變過，除了加一些外框及文字外，躺著喝酒的兔子一直沒有站起來跑步，台北捷兔是喝酒團體是無庸置疑的

第一次特別跑步

經過將近半年的努力經營後，台北捷兔平均每個星期出席的人數大約都有十來個，很快地就要跑第25次了，25次是一個里程碑，他們有個目標就是第25次跑的時候能夠招募到25名會員，以表示站穩腳步，於是決定舉辦一次特跑。

美國空軍台北通訊站的軍官俱樂部（Taipei Air Station Officers Club）答應承辦特跑的交通及餐飲，1973年8月5日中午，一台45人座巴士停在圓山飯店下方，北安路上的中國海俱樂部（China Seas Club，即現在的American Club美僑協會）門口，載著30隻兔子和獵狗到起跑點——故宮博物院，正副兔子同樣是第一次跑步的那2隻：Organ和Fats（Dave Bowers），結果很多人迷路了。根據週報描述，跑步範圍是在故宮後山，跑完後巴士載他們到山上某處Bash後，結束第一次的特別跑步活動。

會特別提這次特別跑步，除了是第一次外，移居高雄的Mike McFarlane也回來共襄盛舉，並表示想在高雄成立分會的願望。一個多月後的9月16日，在Stan Zaucha的協助下，高雄捷兔（Kaohsiung Hash House Harriers）成立了，第一次跑步也是8個人。

VISITOR FROM KAOHSIUNG

Mike McFarland, a friend of the Nash and Special Services ... joined us this for the Hash Thrash. Mike has indicated that he ... attempt to form an HHH Chapter in Kaohsiung and will let us kno... fares. Good Luck.

Mike Mc Farland and Stan Zoucha (the Kaohsiung chapter of the 1981) hosted the first run there Sunday. Eight (8) meatheads tracked the wiley Hares and Mike says it was a good vsne. He and Stan have extended the hand of friendship to us and invited the Taipei heard down froa a joint run as soon as possible. Some guys have suggested that we go down on Saturday (train) and come back Sunday evening - lets hear some remarks on this.

第25次特別跑步的週報特別加了封面,增加頁數,煞是慎重其事

25次特刊上,Mike McFarlane透露想成立高雄捷兔的想法

記錄在捷兔第31次跑步週報上關於高雄捷兔成立的訊息

第一次聯合跑步

　　就像交到新的女朋友一樣,大家對這個新的團體充滿了熱情,積極與海外其他Hash團體交流。11月9日星期五下午4:00,台北捷兔會員穿著捷兔T恤,在林森北路農安街口的聯合飯店(UNION HOTEL,已歇業)前集合,搭乘遊覽車去(松山)國際機場迎接從香港(Hong Kong HHH)來的11位兔友回到聯合飯店開趴,高雄捷兔也來了4位同樂。

　　隔日週六,台北捷兔的第39次跑步第一次配合香港Hash挪到星期六開跑,早上10:30遊覽車到飯店接來賓到天母跑步,終點在北投泡溫泉及Down Down,除了喝啤酒配花生外,當然還有＿＿＿＿＿＿＿＿(週報就這樣記載)。晚上回到VFW吃烤豬肉餐。星期天早上和客人喝幾杯後就送機場說再見了。

　　當捷兔慶祝第50次跑步時,表示腳步已漸漸站穩,其中Organ扮演了重要角色,他大小事情一把抓,包括工作分派、

規則制定、週報編撰等等。第二年開始,Organ依然主導一切,自任Hash Master(當時會長名稱),任命幹部,這時候每個星期出席人數平均約在15～20人左右。除了跑步喝酒以外,他們也會從事一些公益活動,例如集體至榮總、台大、空軍等醫院捐血、捐贈舊衣給關渡老人院等,還登上台灣的媒體。

　　1975年第100次跑步時,7個高雄捷兔的會員特地北上參加3天2夜的慶祝活動,並出版一本18頁的特刊。此時創會已將近2年,雖然有會員人數的限制,但人多嘴雜,問題開始浮現,有會員開始反對Organ一直當太上皇,並嫌他囉哩叭嗦,紛紛要求他卸任。Organ只好指派幾名幹部分攤事務,但是他還是掌握最高權力,想當萬年會長。應該是要求民主的聲音太大,不得已之下,只好在當年5月首次舉行會長及幹部選舉。

　　1975年5月29日晚上,在中國海俱樂部(China Seas Club)由會員選出會長及4名幹部,Organ順利當選Hash Head(頭目),另4名幹部On-Sec(祕書)、Hash Cash(財務)、Trailmaster(路線)及Hasheriff(風紀)也順利選出,任期半年,7月1日起生效,這是台北捷兔第一次民主選舉,在此之前的幹部都是由Organ指派。

　　1975年8月24日(農曆7月18日)是一個冰火兩重天的日子,會長Organ高高興興地帶領一些人南下參加高雄捷兔的第100次慶祝跑步,Slobbo在台北烏來當兔

子，但卻發生一件不幸的事件。Slobbo 找來一位叫 "Ski" Machowski的美國大兵當副兔子，結果在渡河時不幸溺斃，由於是現役軍人身分，給台北捷兔帶來不少麻煩。我參加捷兔的前幾年，每年在Ski出事的那個星期，起跑前都還會為他默哀，後來就逐漸被淡忘了，這件事後來也成為台北捷兔第一次分裂的原因之一。

China Hash（健龍）的誕生

雖然已用選舉方式產生會長，但問題依然存在，除了Organ個人的領導風格以外，路線之爭也是存在不同意見，台北捷兔內部依然暗濤洶湧，下半年的會長及幹部選舉是一次改變台灣捷兔歷史的另一件大事。

1975年11月14日星期五晚上，預計在FRA（Fleet Reserve Association，海軍後備軍人協會）舉行的年度會議不知為

何移師到北投的某飯店，這次後來被比喻為「宮廷政變」的選舉結果，Short Cut（Jim Pinnick）當選會長，出席的25名會員（包括4名沒投票權的觀察會員）全體熱烈歡呼鼓掌感謝創會會長Organ對捷兔的貢獻及付出。Organ當天並沒有出席，應該已經意識到情況對自己不利。2天後的1975年11月16日，Organ帶領一些人離開台北捷兔（包括被台北捷兔選為On-Sec的英國人Jolly Good）。創立China Hash House Harriers（2020年底更名為Taiwan Hash House Harriers，中文名稱「台灣健龍捷兔」）。

根據一位在剛分家後不久來到台灣的英國人Eskimo（本名Kit Villiers，他在日本的兔名是Bloody F. Redneck）接受位於日本神奈川美國座間基地Samurai Hash的Dobu Drunk專訪時回憶道：

「……1975年，一個當副兔子的美國大兵被水沖走導致分裂，包括Organ本人及其他出走的人說是因為台北捷兔路線太難，但我認為這只是壓垮駱駝的最後一根稻草，另外還有一個因素，那就是台北捷兔越來越壯大並受歡迎，駐台美軍有意將Hash變成軍隊的正式活動，把Hash當作阿兵哥的一種體能訓練，Organ可能已意識到自己的萬年會長角色會由於美軍的介入而受到威脅……」

「……説來非常奇怪，兩會都在星期日中午起跑，相距不到200公尺，而且記號都是現做路線（Live Hare Trail），有時路線會交

叉在一起，有一次我們都跑到對方的啤酒車去……」

關於為何大家都不喜歡Organ當會長，我有針對這件事問過Slobbo，他回答得很簡潔：「He is a pussy！」我的解讀是：「婆婆媽媽，管東管西，跟娘們一樣。」所以遭到抗拒。來看一下China Hash在1981年的一篇對於Organ離開台北捷兔原因的回顧。

1. 從事房屋仲介的Con-men，任職亞歷桑納房地產公司，大部分的售屋對象都是軍人，他來Hash賣力推銷房子，被Organ禁止。

2. Hash之前使用軍方巴士當交通工具，在跑步回來的巴士上，有些人有藉著酒意對著窗戶及後門露屁屁的習慣，而且還會對著路邊的本地女生叫囂調戲，這種行為對公共關係不好，Organ禁止。

3. 這種在軍中或民間俱樂部酒吧裡的裸露行為，常招致Hash被店家列為拒絕往來戶，甚至有人被攆出來時還大叫：「你們不能這樣對我們，因為我們是Hasher！」

4. Organ會長時常為此到處打恭作揖，賠罪道歉。

5. 禁令解除。

6. 禁令再次強制執行。

7. Organ又去道歉，並賠償損失。

8. 禁令再次解除，一個行為離譜的會員在幹部的支持下被Orgon踢出捷兔。

9. 副兔子在烏來河裡溺斃，他之前已經在做藥物治療，不該找他當副兔子。

10. 軍方開始逐步退出，由Con-men帶領的幹部把Orgon踢出。

11. China Hash成立了，第一次跑步：2個洋鬼子和3個中國人。

評論一下，這次的分裂我覺得是Organ個人對Hash的誤解，而創了2個和他的理想有些差距的團體，而且他個人的管理風格也有問題，雖然他直到1990年代才離開台灣，但他在1981年以後就不再參加捷兔活動了，可見在China Hash有可能舊事重演。

當初看雜誌報導時，興沖沖的創會熱情被現實澆熄了，他想像中的團體應該比較像Harriers而不是Hash House Harriers。一般雜誌或新聞媒體對Hash的報導通常會過濾掉一些比較負面的部分，因而誤導了他。比如英文叫「Mooning」的露屁股行為，在Hash裡是很正常的，Slobbo時常在拍照時露出他那2顆令人作嘔的大屁股。在國際捷兔大會裡，光著屁股貼在車窗上對著隔壁巴士兔友，也算是一種打招呼方式，女生掀開T恤露出大捏捏貼著車窗更是展示出十足的打招呼誠意，至於脫褲子坐冰塊，那是Hash的傳統，就更別說裸跑了。

Kit Villiers第一次參加台北捷兔是在1976年7月25日，來台之前他曾參加過香港、漢城（今首爾）及東京Hash，他因為在China Hash成立後才來台灣的，所以比較沒有人情壓力，遊走兩會；其他人就沒

那麼好過，兩邊都是朋友，都在拉人，造成兔友們很大的困擾。說來也巧，台北捷兔的第200次正好是1976年的最後一次跑步，為了解決一年多來兔友們的困擾，台北捷兔從1977年1月1日的第201次跑步開始，將跑步日期改為星期六，因為當年星期六還要上半天班，中午起跑一定來不及，於是就將跑步時間就從中午12:00改到下午2:30，這個時間一直維持至今。

龍的進化。
最後丟掉打狗棒，
改用右手喝酒

Slobbo的大屁股
（2002/5/4台北捷兔
第1532次跑步）

光屁股坐
冰塊是捷兔
傳統

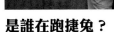

Mooning

親切的打招呼方式
（2003/12/27台北捷
兔第1618次跑步）

是誰在跑捷兔？

China Hash因為是從台北捷兔分裂出去的，所以制度規章幾乎是一模一樣，而且也是堅持Men Only（只收男會員）。半年多以後，會員Grenade愛跑步的女朋友Danette Banks想要成立一個女生的Hash團體，宥於當時沒有那麼多喜歡跑步的女生，因此遊說台北捷兔開放女生參加或成立一個女兔附屬團體。台北捷兔似乎沒被色誘成功，但China Hash後來接受了。附屬於China Hash星期四晚上跑步的Thursday Harriets，就在1977年成立了。沒組織、沒幹部、不收費，和後來成立的台北捷運兔差不多性質。

不知道是因為人越來越少才接受女生，還是開放女生後男生都跑去星期四晚上，星期天就不來了，搞得China Hash一度差點關門大吉，China Hash的週報甚至

描述晚上跑步的篇幅比白天還多。不得已之下，China Hash只好從1979年開始接受女生在白天跑步，一開始是每3個月的第一個星期天允許女生白天見光，也就是一年只有4次，但女人哪有那麼容易滿足，得寸進尺是女人天性，沒多久China Hash就全面淪陷了。但是在1979年年底China Hash的一篇回顧文章中還這樣寫著：

"The old traditions are still upheld, -- more or less:
The HASH is NON-ATHLETIC, it is NON-COMPETITIVE, and it is a sport of GENTLEMEN!"
（「老傳統還是有被保持著——多多少少：捷兔不是體育，也不是競賽，它是屬於男人的運動！」）

我剛進台北捷兔的時候有流言說，China Hash會分裂出去是因為女生的關係，對此Slobbo極力否認，因為禍水問題是在China Hash分家以後的事，請女性朋友原諒我的用詞，因為Slobbo自認是沙豬，以前帶女生來台北捷兔被他看到，絕對破口大罵，沒在客氣的。

台北捷兔成立後的第一年，會員清一色是老外，國籍除了美、英以外，來台做生意的各國人士都有，有一陣子協防台灣的美軍有意利用捷兔作為大兵野戰的輔助訓練，所以贊助台北捷兔啤酒、飲料以及交通工具，條件是美國軍人的比例要占會員一半以上，因此台北捷兔一度有會員人數的限制，以符合軍方要求。但是隨著1979年中美斷交，美軍撤出台灣，台北捷兔及China Hash都產生會員人數急遽下降的危機。China Hash因為開放女生參加後起死回生且蓬勃發展；台北捷兔則吸收了當時稀有的喜歡跑馬拉松及登山的男生度過危機[④]。

台灣馬拉松運動的興起是由於一位旅美華裔小朋友蒲仲強在美打破多項紀錄，於1978年夏季回台推廣長跑運動開始的，台北捷兔在此之前就已經舉辦過馬拉松比賽，關於台北捷兔和台灣馬拉松的關係，在附錄中有更詳細的描寫。

隨著美軍的撤出，遷移到沖繩及關島的美軍官兵及做美軍生意的會員，也把Hash帶到當地，甚至擴散到美國本土。從台北捷兔衍生的分會達一百多個，其中大部分是由Dal Trader（Jock）傳播出去的，Jock這傢伙有創會狂，走到哪裡就創會到哪裡，從沖繩一路到舊金山，不勝枚舉。

2013年台北捷兔的Formosa林恭任（右）到洛杉磯流浪，參加Long Beach Hash時碰到Jock（左），Long Beach Hash也是Jock創立的

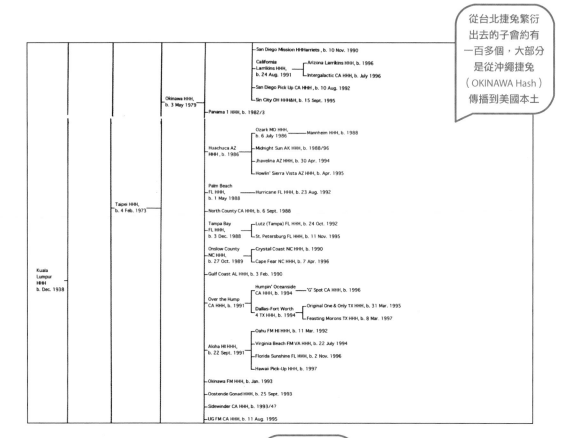

從台北捷兔繁衍出去的子會約有一百多個，大部分是從沖繩捷兔（OKINAWA Hash）傳播到美國本土

```
Kuala
Lumpur
HHH
b. Dec. 1938
  ├─ Taipei HHH, b. 4 Feb. 1973
       ├─ Okinawa HHH, b. 3 May 1979
            ├─ San Diego Mission HHHarriets, b. 10 Nov. 1990
            ├─ California Larrikins HHH, b. 24 Aug. 1991
                 ├─ Arizona Larrikins HHH, b. 1996
                 └─ Intergalactic CA HHH, b. July 1996
            ├─ San Diego Pick Up CA HHH, b. 10 Aug. 1992
            └─ Sin City OH HHH&H, b. 15 Sept. 1995
       ├─ Panama 1 HHH, b. 1982/3
       ├─ Huachuca AZ HHH, b. 1986
            ├─ Ozark MO HHH, b. 6 July 1986 ── Mannheim HHH, b. 1988
            ├─ Midnight Sun AK HHH, b. 1988/96
            ├─ Jhavelina AZ HHH, b. 30 Apr. 1994
            └─ Howlin' Sierra Vista AZ HHH, b. Apr. 1995
       ├─ Palm Beach FL HHH, b. 1 May 1988 ── Hurricane FL HHH, b. 23 Aug. 1992
       ├─ North County CA HHH, b. 6 Sept. 1988
       ├─ Tampa Bay FL HHH, b. 3 Dec. 1988
            ├─ Lutz (Tampa) FL HHH, b. 24 Oct. 1992
            └─ St. Petersburg FL HHH, b. 11 Nov. 1995
       ├─ Onslow County NC HHH, b. 27 Oct. 1989
            ├─ Crystal Coast NC HHH, b. 1990
            └─ Cape Fear NC HHH, b. 7 Apr. 1996
       ├─ Gulf Coast AL HHH, b. 3 Feb. 1990
       ├─ Over the Hump CA HHH, b. 1991
            ├─ Humpin' Oceanside CA HHH, b. 1994 ── 'G' Spot CA HHH, b. 1996
            └─ Dallas-Fort Worth 4 TX HHH, b. 1994
                 ├─ Original One & Only TX HHH, b. 31 Mar. 1995
                 └─ Feasting Morons TX HHH, b. 8 Mar. 1997
       ├─ Aloha HI HHH, b. 22 Sept. 1991
            ├─ Oahu FM HI HHH, b. 11 Mar. 1992
            ├─ Virginia Beach FM VA HHH, b. 22 July 1994
            ├─ Florida Sunshine FL HHH, b. 2 Nov. 1996
            └─ Hawaii Pick-Up HHH, b. 1997
       ├─ Okinawa FM HHH, b. Jan. 1993
       ├─ Oostende Gonad HHH, b. 25 Sept. 1993
       ├─ Sidewinder CA HHH, b. 1993/4?
       └─ UG FM CA HHH, b. 11 Aug. 1995
```

第一個參加捷兔的台灣本地人

有一位在陽明山衛星站服務，名為Tom Wu的本地人（中文姓名不詳，應該也有軍方背景），有一天在VFW（美國海外作戰退伍軍人協會）的酒吧碰到一位台北捷兔會員告訴他關於捷兔的事後，他就在台北捷兔第60次跑步的時候出現了，Slobbo說他父親是國民黨的大咖，想當然耳，那個年代能泡老外聚集的酒吧俱樂部，會講英語，應該非泛泛之輩，他的兔名叫Hash-Q。

隔週，Tom Wu就帶來另一位叫David Chang的中尉軍官，兔名叫Elephant，他加入後出席率就非常高，1977年的下半

從1986年Stanley Cheng所拍攝的照片可以看出，本地人和外國人約各占一半（三芝梯田）

年，時任會長的Slobbo因工作關係調任新加坡，Elephant就接替Slobbo的會長職位，成為第一個本地人的捷兔會長。

此後台北捷兔因為老外漸漸離開，本地人漸漸加入，到我1988年參加捷兔時，老外和本地人的比例已約各占一半，十多

年來，每個星期跑步人數大都維持在50人左右，此時台北捷兔已無會員人數限制，在這十幾年間會員來來去去，但堅持數十年如一日的也大有人在。

會員人數大爆發

隨著台灣經濟的發展，人們越加重視休閒活動，1990年代起，台北捷兔的會員人數逐漸緩慢成長，老外和本地人的比例逐漸失衡，外國人比例從約五成降到僅剩一、兩成，成為弱勢群體，人數或許沒減少，只是被稀釋了，自從1994年Penniless（Nick Mayo，英國人，人物側寫有專文介紹）擔任會長後，台北捷兔再也沒出現過外籍會長了。

1995年底在陽明山六窟溫泉舉行會長改選大會，破紀錄的出席人數達到約為150人，時任會長的Harbor（康俊雄）企圖連任，被Wanker（王財鋆）轟下台，謂台北捷兔會長不得連任。在混亂中Air Fart（吳慶鐘）被推舉為會長，從此台北捷兔有了會長不得連任的不成文規定，我姑且稱它為「Harbor條款」[5]。

到了1990年代後期，勞工意識抬頭，政府推行週休二日，台北捷兔每星期的出席人數突破200大關，因此也衍生許多問題，亂象叢生。

2000年前後幾年間，是台北捷兔最混亂的黑暗時期，會員人數暴增，除了跑步停車地點難尋外，由於不知什麼時候，哪位好事者把捷兔的中文名稱畫蛇添足加上「慢跑俱樂部」，致使一些不明就裡的新進人員以為台北捷兔只是一個越野慢跑團體，對於嚐嚐喝啤酒，喝不完倒頭上等無厘頭行為無法理解，甚至覺得是浪費啤酒。一些在全世界Hash界都覺得再正常不過的特殊文化，他們都覺得匪夷所思，觀念上的差異就造成了許多爭執與衝突，大字報與天齊飛，黑函共海天一色。甚至為了爭取原本乏人問津的會長寶座，竟然要先擺個8桌、10桌拉票才有機會當選，戰況慘烈，新舊勢力傾軋，甚至傳出暴力事件，紛擾不斷，與Hash原本的社交功能已經完全背道而馳了。

2001年3月3日，Wild Man（李廷祿）帶領一些理念相同的人，另外創立了台灣熊跑山俱樂部（Taiwan Bear Hash House Harriers），主要核心人物除了Wild Man外，還有Offset（林茂精）、Flat Tire（劉學明）、Communicate（李振豐）、Carrier（何萬豐）、Prentice（王坤徒）等，其中大部分是在中和地區從事印刷業的老闆們，Offset擔任前2年會長。因為開放女性會員參加，所以一些老婆也想跑步（監管）的台北捷兔會員後來也紛紛跟了過去。台灣熊跑山俱樂部成立之初是一個月跑2次，另2個星期則是參加台北捷兔的跑步，2年後站穩腳步後就完全獨立了。

台灣熊跑山俱樂部的創始人Wild Man（野人）是個傳奇人物，人如其名，不修邊幅，找路做路是他的最愛，全心奉獻Hash，台灣熊成立之初的路幾乎都是他的傑作，再找人頭當兔子。至今他還有一

項沒人能破的紀錄，就是同時當兩會的兔子，而且路線不一樣，別問他怎麼做到的，因為他是野人。不會講英文的他，悠遊於全台各Hash間，那時期全台每一個外籍Hasher幾乎都認識他，聲名甚至遠播到印尼、馬來西亞捷兔界，是台灣Hash的奇葩。做路常不按牌理，沒想到離開人世時，也是不按牌理，在2010年底騎機車撞上新北大橋橋墩而去世，捷兔界損失一個做路奇才。

台灣熊跑山俱樂部LOGO

Wild Man（左）與台北捷兔2018年會長Pin Hole（林文琛）合影（Twin Ass張啟宏攝於2010/3/27）

分家後台北捷兔人數稍減，紛擾稍解，直到2004年的會長Black Fur（黑毛，謝明傑）沒事又捅了一個馬蜂窩，他竟然打算開放讓女生來參加台北捷兔，計畫初期先試辦1個月開放一次。未料此舉引起軒然大波，老兔友紛紛公開反對，甚至驚動創會元老Slobbo，他還特地從菲律賓訂製100條頭帶表達反對

立場，此事最後當然胎死腹中，還沒試辦就不了了之了。

此外，黑毛會長還打算將台北捷兔向內政部登記為全國性的社團法人，名為「台灣台北捷兔協會」，此事雖然沒什麼爭議，但也沒什麼必要，以一個地區性社團去登記為全國性組織，不知用意為何？黑毛會長花了九牛二虎之力收集各縣市會員代表，到要卸任時還差一兩個縣的代表人沒著落。由於筆者擔任2005年的會長，他就將此事交到我手上續辦。幾經評估後，個人認為成立社團法人對捷兔而言弊大於利，徒增麻煩，就採取消極態度處理，到了9月才將資料收集完畢送件，此燙手山芋於是落到2006年的會長You Ching（蔡品端）手中。

2006年3月，內政部核准以「台灣捷兔協會」為名成立為社團法人，因為礙於法規不能使用地名「台北」作為社團名稱；更名茲事體大，經You Ching詢問相關單位的友人意見，並衡量利弊得失後，就將成立協會之事永久擱置了。

「你們捷兔跑了30幾年有什麼不方便

Slobbo從菲律賓訂製的頭帶「Taipei Hash, For Pricks Only」

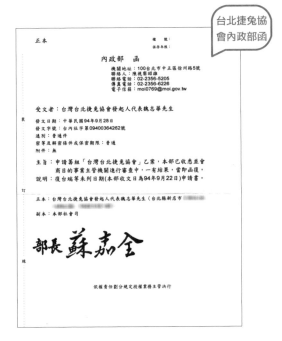

做慢跑俱樂部，然後又改為跑山俱樂部，叫「芙爾摩沙兔女郎喝酒俱樂部」不好嗎），每個月只跑一次。

在此之前的二十幾年來，台灣一直就只有3個Hash分會，雖然在1977年曾經有人試圖在屏東成立分會，似乎沒有維持很久，此時台北捷兔的會員已經大部分是本地人了，老外漸成弱勢。不過China Hash還是老外占多數及一些本地女生和少數的本地男生，高雄Hash還是老外居多。

Taichung Hash House Harriers
台中捷兔

2000年的Interhash在澳洲塔斯曼尼亞（Tasmania）舉辦，在一艘從墨爾本開往塔斯曼尼亞，幾乎由Hash全包的輪船上，我發現2位穿著背部印著「台中，台灣」T恤的老外，才知道台中也有了Hash。我一直對台中捷兔的來歷很有興趣，因為台中捷兔是台灣唯一不是從台北捷兔衍生出來的捷兔團體，使用的記號和台北捷兔系統也不大一樣。曾經問過很多台中捷兔的人，大都搞不大清楚。台中捷兔的Mr. Pop-Up（王盛忠）建議我不妨問問The Lord Dump Of Ta Keng（Thomas Brill），他也許知道。經聯絡台中捷兔目前跑次最多紀錄的Dump後，沒想到他竟然也不是很了解，不過他倒很樂意幫忙詢問已離開台灣多年的Vaseline Thighs（凡士林大腿），也可趁此機會尋回自己的歷史。

的地方嗎？」友人問。

「倒沒有……」You Ching答。

「那你們成立社團幹嘛？」

捷兔團體紛紛成立

Formosa Hash House Harriers
芙爾摩莎慢跑俱樂部

1996年的12月7日，Domestic Violence（家庭暴力，Jean Peng）夥同幾個受不了China Hash老外男生在肢體及言語上騷擾的女生，創立一個只有女生才可參加的芙爾摩莎慢跑俱樂部（Formosa Hash House Harriers。當時都把Hash叫

Vaseline Thighs是2008年第一屆All Island Run的Co-hare，以下是Vaseline Thighs的回憶：

一位來台替ABB工作的德國人 Gerhard Hirth，萌生在台中成立Hash的想法，主要是他在其他國家跑過Hash，記得他說是在埃及。1998年11月8日，Gerhard在他清泉崗的住家安排第一次跑步，似乎沒有吸引很多人來，之後又跑了好幾次，直到1999年6月他必須緊急離開台灣。

同樣也是在ABB工作的Graham Pritchard（The Quill）認識Gerhard，他在常去吃吃喝喝的「胡椒鹽餐廳（Salt and Pepper Restaurant）」結識Tom Bailey（The Dud）和 Graham Jelley（Vaseline Thighs），3人重啟台中捷兔並找路做路，Graham Pritchard也在同年9月被ABB調離台灣，留下The Dud和Vaseline Thighs挑大梁，一開始2人一個星期找路，隔週做給大家跑，所以每個月2次找路，2次正式跑步。一開始出席人數很糟糕，通常只有2、3人，有時兔子還比獵狗多。

後來慢慢有了成長，The Dud建議也許可以開始計算跑次，他想這樣或許可以保持穩定的出席率，對從胡椒鹽餐廳招募新血也有幫助。胡椒鹽餐廳的會計Micheala Beechey被指定為Hash掌櫃，所以她就開始記錄跑次，1999年10月18日正式記錄為台中捷兔的第一次跑步，身為胡椒鹽餐廳老闆並提供點心的The Dud理所當然成為第一任的GM，Vaseline Thighs擔任Hash Flash。初期大部分都是由The Dud和Vaseline Thighs當兔子，慢慢才有其他人補空。2000年初，Paddy O'Kane（Nasi Turd）來到台灣，成為了第二任GM，他建議台中捷兔改為每星期都跑步，取代每個月2次，時至今日台中捷兔依然強壯，證明這個決定是正確的。

後來我才搞清楚2000年去塔斯曼尼亞參加Interhash的是Nasi Turd及Dragon Tits。

Hsinchu Hash House Harriers
新竹捷兔

一直以來在台灣捷兔界的大部分刊物上，都記載著新竹捷兔的創會者是一個原本是China Hash的成員，因工作關係搬到新竹的Johnny Wad，我也一直這樣認為。但是根據新竹捷兔2021年會長Dick With Ears（Mark Payne）的調查，新竹捷兔的創會者實際上是一個在新竹科學園區工作的Dick Hare（Richard Fay），他因為不想每次都從新竹跑到台北參加China Hash的跑步，就在新竹成立了Hsinchu Hash House Harriers。

根據Dick Hare在2021年初投書給國際捷兔雜誌的文章裡提到，1999年4月他和Mud to the Pud（David Myers）開始了第一次跑步。第二次由他和Cocksucker當兔子，3個人應該都算名義上的共同創會者。因為Dick Hare和Cocksucker之

前也曾經幫China Hash在新竹做過路，Cocksucker宣稱那是新竹捷兔的第一次跑步，其實不然，那只能算China Hash在新竹的一次跑步而已。後來Erstwhile（Johnny Wad）接任好幾年新竹捷兔的會長，直到他離開台灣為止，因此才被誤解他是創會者。

早期認為「捷兔」是Taipei Hash專用的名稱，因此Hsinchu Hash的中文名稱就仿效China Hash的「健龍」稱為「捷豹」，後來亦遵循華文圈的共識改稱「新竹捷兔」，新竹捷兔因為會員不多，所以每個月只跑一次，時常和China Hash或台中捷兔一起跑步。

Taipei Metro Hash House Harriers 台北捷兔

國外有很多地方都有Full Moon Hash，也就是在月圓之夜跑步，把獵狗變狼人出來抓兔子。1999年2月2日，台北捷兔的老兔子Tooth Pick（牙籤，周淳和）召集一些人開始在月圓之夜跑步，作為台北捷兔的次團體。台灣熊跑山俱樂部成立後，Carrier（何萬豐）也不甘寂寞，從2001年9月19日開始，在每月初一的晚上開始了星夜跑步，跑步地點固定在捷運中和景安站，路線則每次不同。一開始確實是在初一或十五晚上跑步，後來因為會碰到星期六或星期天，白天跑完喝足後，晚上再繼續跑的意願就不高，加上現代人少用農曆，時常忘了初一十五，後來就改在最接近該日期的星期三晚上跑步，此乃「台北捷運兔」的前身。

自從台北捷運開始營運後，2003年捷運網已見雛型，鑑於月圓與星夜跑步的人員高度重複，以及交通方便、可安心喝酒等因素，於是決定正式合併成立Taipei Metro Hash House Harriers「台北捷運兔」，跑步地點為各捷運站附近，每月跑2次。第一次跑步是從台北火車站跑到遼寧街，我是當次兔子，也是撮合人，當次參加者皆獲贈合併紀念衫一件。

星期三晚上跑習慣後，很多人腳癢難耐（其實是想喝酒），希望每個星期三晚上都能出門跑步，但捷兔和其他跑團最不同，也是最困難的地方就是要有兔子找路，在兔子不足的情況之下，權宜之計就是在沒兔子的星期三晚上，於土城捷運站跑圓通寺的固定路線。隨著成員越來越多，兔子不虞匱乏，現在的台北捷運兔已經是每個星期三都是有兔子的捷兔路線了。

Douliu Hash House Harriers 斗六捷兔

一位叫Glenn Devilliers的高雄捷兔會員，因為老婆要回斗六老家定居，可能因為沒有捷兔活不下去，於是就在2009年6月27日在斗六成立一個捷兔會，第一次共有14個人參加，是創始會員。斗六捷兔一般在每個月的最後一個星期六跑步，有時也會有特別跑步，主

要的跑步區域涵蓋嘉義、彰化、鹿港及豐原等地區，偶爾也會和其他捷兔會聯合跑步，最常一起跑的是台中捷兔。

Night Bird Hash House Harriers
暗光鳥

台灣跑步運動的興盛，除了經濟成長後民眾衣食無缺外（所謂的吃飽太閒），當年愛跑步的台北市長馬英九也有推波助瀾的效果。2000年後，跑步運動蔚為風尚，無論是聯誼性或商業性的慢跑團如雨後春筍般成立。一個隸屬批踢踢公館跑團的「馬龍」及「張奇缽」與也有在辦商業活動的Carrier（何萬豐）有了連結。

當馬龍和一些跑團朋友來到捷運兔後，對這些也喜歡喝啤酒又愛跑步的年輕人，簡直就像發現新大陸，沒想到跑步也有如此有趣的玩法；一時之間，捷運兔引來了一堆同好，同樣也產生了一些人的問題。不久，很喜歡喝啤酒的SM Machine（張奇缽）也帶領一些原來一起練跑的年輕人，在2013年9月24日另外成立一個「暗光鳥」跑團，由於玩法和捷兔並無二致，就在2015年被慾惠正式加入Hash行列，名為「Night Bird Hash House Harriers」。其實暗光鳥成員除了跑步以外，還玩腳踏車、划龍舟、三鐵等其他運動，並標榜暗光鳥能實現你的任何願望，是一個比較自成一格的團體。

New Taipei Hash House Harriers
新北捷兔

2012年10月某天，Big Tree（李芳中）和Fire Bird（蕭緯騰）到我的工作室找我，說他們想要在星期天另外成立一個新的捷兔團體，詢問我的看法。我早有耳聞，起因是Big Tree對一些China Hash的老外有意見，根據我的了解應該屬於文化差異產生的問題。Fire Bird則是因為拍照問題和China Hash也鬧得不愉快，既然他們覺得待在那裡不舒服，也沒理由反對他們出走，只是他們也想在星期天跑步，怕引起China Hash的反彈，所以想要說是從台北捷兔分出去的，徵詢我對於名稱的意見。我給的建議是儘量使用地名來命名，因為全世界大部分的捷兔團體都以地名命名為主，從名稱就知道是哪裡的捷兔會，不必多費唇舌解釋。因為他們來自桃園及鶯歌，於是我就建議不如叫「桃園捷兔」或「鶯歌捷兔」，甚至「鶯桃捷兔」都可以。但他們說主要的活動地點還是以大台北地區為主，桃園、鶯歌皆不宜，我靈光一閃說不如就叫「新北捷兔」，因為當時台北縣剛改制為新北市，英文叫New

Taipei，感覺與Taipei Hash的聯結比China Hash強，有點打擦邊球的感覺，可解釋成"New Taipei " Hash或New "Taipei Hash"，沒想到此舉引起當年台北捷兔會長的強烈反應，是我始料未及的。

2013年1月6日，新北捷兔的第一次跑步在汐止汐萬路的拱北殿舉辦，來了超過150人捧場，並將這個新的捷兔會定位為老少咸宜的家庭捷兔，台北捷兔不允許的女人、小孩、狗都可以來參加。幾年來，已培養出很多捷兔幼苗，並日益成長茁壯，這些都是將來台灣捷兔界的骨幹及接班人。

鑑於台灣捷兔的發展趨勢漸漸由活兔子變成死兔子，且捷兔路線有登山路線化的現象，Penniless（Nick Mayo）就在2020年6月25日的端午節，成立一個標榜恢復Hash傳統的捷兔會Beitou and Tamsui Hash House Harriers（北投淡水捷兔），簡稱BAT Hash，規定兔子得是全部現做的活兔子。跑步地點在北投、淡水到三芝、石門一帶，主要是該地區地形起伏較和緩，適合玩獵狗追兔子的遊戲。但跑步時間定在星期四下午，顯然有歧視上班族之嫌，因此比較適合退休人士、沒人管的老闆或可以（敢）翹班的上班族。兔子出發後獵狗開始追捕的時間是根據正副兔子的年齡決定，兔子年紀越大，獵狗開始追捕時間間隔越長，以免累死年老色衰的老兔子。

其他夜間Hash陸續成立

一個沒半件Hash T恤的菜兔子Austin蕭，為了擁有自己設計的Hash T恤，就慫恿Puke Bull（許欽松）創立一個美其名為Taipei Night Trail Hash House Harriers的捷兔會，簡稱TNT Hash，其實是專賣T恤的T-shirt and T-shirt Hash，做T恤才是本意，這有違Hash是非營利團體的性質，應該每次跑步都免費贈送T恤才對。

TNT也是黃色炸藥的簡寫，所有攜帶TNT Hash的紀念物品登機要特別小心。TNT Hash的第一次跑步在2014年4月4日星期五的晚上，起跑點在新店捷運站後的瑠公圳頭紀念公園。

2012年，Picture（簡國華）召集一些住在桃園地區，平常參加台灣熊跑山俱樂步活動的會員，在桃園小巨蛋成立

一個夜跑團體「桃園星光幫」。2015年Dick My Ass（周明志）擔任幫主時，在7月15日將固定跑步路線改為有兔子的捷兔路線，並更名為Wednesday Hash At Taoyuan Hash House Harriers（桃園星光邦週三夜跑俱樂部），簡稱「WHAT Hash」，正式加入Hash行列。

Birthday Hash
生日捷兔

創立TNT Hash的Puke Bull（許欽松）有好幾個兔名，每個捷兔會幾乎都不同，Relax、Mr. tities都是，喜歡找各種藉口跑步喝酒的他，在幫人稱「虎媽」的Stella Haarring及她女兒辦了2次生日跑步後，於2015年自己生日的10月29日那天，成立一個與眾不同的捷兔團體「Birthday Hash」，任何人只要過生日時想跑步喝酒慶生，都可來當兔子。起初並沒固定在每星期的哪一天，後因時常與其他友會跑步時間產生衝突，後期就固定為星期四。Relax說創會日期應該倒推到虎媽生日那天的9月10日。

I LOVE HASH
我愛兔兔野跑團

3個跑完台中捷兔還意猶未盡的無聊

男性，Man Juice、Ghost puke在搭Mr. Pop Up便車的路上，忽然心血來潮想要創一個在台中的夜跑Hash，於是就到台中的「黨主席熱炒」辦了一個創會酒攤，湊錢買了一個冰桶，就這樣2015年11月27日，我愛兔兔野跑團（I LOVE HASH）成立了。

Taoyuan Metro Hash House Harriers
桃園捷運兔

一位去德國及挪威深造回台的中央大學助理研究員Space Man（饒駿頌），與同樣研究太空科學的教授Dr. Vagina Face（張起維），想以歐洲的捷兔風格在桃園地區成立一個桃園捷運兔Taoyuan Metro Hash House Harriers（TyMH3）。2020年1月3日第一次跑步就在龜山新漁伙海鮮餐廳，並訂在每隔週的星期五晚上跑步，運作方式與台北捷運兔類似，標榜雙語喵喵。

另類Hash

228 Hash House Harriers

2000年2月，在參加完澳洲塔斯曼尼亞舉辦的Interhash後，筆者Bamboo、Car Park（林西銘）及Bum Fuck（周武俊）等3人，租了一部車想趁機到國家公園一遊，不料卻在半途發生車禍，為了閃避對向疾駛而來的大卡車，導致車子翻覆，

四腳朝天，3人奇蹟似地毫髮無傷，大難不死，當天日期是2月28日。

　　湊巧隔年的2月28日被定為228和平紀念日並開始放假，Bum Fuck提議辦一次跑步以感謝當年跟團參加Interhash兔友們的收留。第一次跑步從景美橋沿河堤跑到萬華東園街的「亞洲海產」霸許，往後幾年在228當天也都有跑步，碰到其他捷兔團體有跑步的週六、日則當兔子跑步紀念。2011年正式成立每年只跑一次的228 Hash House Harriers。

229 Hash House Harriers

　　2016年，4年才一次的2月29日雖然是星期一，卻因適逢228紀念日是星期

天，隔天補假，受到228 Hash的啟發，閒閒沒事幹的Tanker（劉建河），想說來成立一個4年跑一次「229 Hash」也不錯。跑了一次以後，因為2月29日每4年才會碰到一次，且不見得會碰到假日，況且沒人有把握可以活那麼久，為了儘量找機會跑步喝酒，於是每月的29日若放假就辦活動，無論國曆或農曆，因為229的諧音就是「愛喝酒」，也稱「愛喝酒捷兔」。

Taipei Typhoon Hash House Harriers
颱風Hash（T2H3）

　　雖說捷兔的跑步活動是風雨無阻的，颱風天跑步在台北捷兔將近50載的歲月裡也沒少過，但是特別選在颱風天出門跑步

的人，就真的病得不輕。香港就有一個8號風球Hash（T8 Hash），颱風來襲時只要掛出8號風球就出門跑步。台灣有許多喜好此道者也想成立颱風捷兔，一直都沒有付諸行動，直到2017年3月1日，Tinbudon（Paul Hannan）開了一個名為Typhoon Day Hash House Harriers的臉書社團，規劃好一切，就等待颱風來襲，政府發布停班停課時就開跑。

　　2019年8月9日颱風利奇馬（LEKIMA）來報到，等待兩年多的颱風捷兔終於成真了，三十多隻不畏風雨的瘋子來到劍潭捷運站旁的高架道下，完成台灣第一次的颱風Hash。本來台北捷兔也有一群人打算仿效香港的T8 Hash在颱風來襲時開跑，並取名為Taipei Typhoon Hash，簡稱T2 Hash以對應香港的T8 Hash，只是還沒來得及開臉書社團颱風就來報到。第一次颱風亂跑完後，筆者硬凹Tinbudon將名稱改為Taipei Typhoon Hash House Harriers，簡稱T2H3，Tinbudon欣然（無奈）答應，同時也可留給台灣其他也想隨風而亂的城市有命名空間，例如Koahsiung Typhoon Hash、Taichung Typhoon Hash等。

Marvel Hash House Harriers
媽佛Hash

　　人稱髒諾漫的Intersex（張勇仁），2020年7月底在一次Birthday Hash夜跑當兔子時，聲稱有「看不見的東西」緊隨其後，忽左忽右。跑後，宣稱對異次元有

感應的Beer Ketty（黃葳）亦稱有見獵狗隨其跑步嬉戲，可是其他人都無感。為了驗證其所言不虛，於是Intersex髒諾漫就開辦了一場媽佛亂，重跑他們宣稱有看到「貨」的路段，晚上10:00從木柵萬芳社區旁的世界山莊起跑，每5分鐘放一個人出發，上軍功山經富陽公園到捷運麟光站旁公園吃吃喝喝，結果引來二十幾隻沒碰過鬼的捷兔界各路人馬與會。

號稱媽佛亂（Marvel驚嚇），竟然跑這種扁布我無論白天晚上，單獨跑過少說數百上千次的大眾步道，從來也沒碰過什麼「貨」，而且兔子還是在白天就撒好麵粉，簡直笑話。於是相信「人比鬼可怕」的扁布我就嗆聲：「好膽我做一條真正的媽佛路線讓大家見識一下。」於是就有了第二次的媽佛亂。我的路線是從景美運動公園跑上芳蘭山夜總會（亂葬崗），下到台北市第二殯儀館後方，穿越二殯後再沿福州山旁跑到麟光站。日期當然要選在鬼門剛開的農曆七月初三才刺激，此時此地貨最多。為了展現誠意，兔子我當然是當場現做，而且沒副兔，當天同樣也引來了二十幾隻比鬼可怕的怪人。

經過此2次媽佛亂後，一發不可收拾，沒想到捷兔界樂於此道的怪咖還真不少，尤其是人稱鬼王清的Claw Hand更是投入。在鬼門關閉前又亂了2次後，可惜都沒碰到真貨，於是約定隔年鬼門開時再亂。本來媽佛亂只是Intersex髒諾漫開的個人活動，誰知2021年要再開活動時，臉書竟然規定非社團開私人現場活動只能邀請50個朋友，不得已就決定順勢成立媽佛

Hash，專門在鬼月晚上跑鬼屋、命案現場等等地方。

▌MEGA Hash

時常深入亞洲少數民族居住地拍攝風土民情的Penniless（Mijo Slut），在探訪過程中，若發現有適合捷兔的跑步路線，且食宿交通安排沒問題的話，就會不定期舉辦海外的Hash跑步活動。從2002年中國張家界開始，到過雲南、貴州、福建、安徽、北越、泰國金三角等地跑步，2015年命名為「Mijo's EGgstravaganza Asia Hash」，簡稱MEGA Hash。2020年已計畫好的印度喜馬拉雅山麓之行，因疫情被迫中止，甚為可惜。

台灣曾經存在過的Hash

捷兔會倒團是很平常的事，在台灣曾經存在過、沒有延續下來的團體也有幾個。在Hash族譜裡記載著台北捷兔曾經有一個在屏東的兒子——屏東捷兔（PingTung Hash House Harriers），生於1977年，夭折年份不詳，已查不到任何資料。

在Guru的個人台北捷兔第900次的特別報導裡，有提到曾經跑過一次「羅東捷兔」，Tooth Pick（牙籤，周淳何）也聽說過，是一個跑China Hash的兔友搬到宜蘭羅東後創辦的，聽說沒跑幾次就沒下文了，生死年份及創會者尚未考據出來。

雲林麥寮在六輕建造期間，來台的外籍工作人員也成立了一個「麥寮捷

兔」，因為沒本土化，所以隨著六輕完工，外籍工作人員的離開後，也沒有延續下來。曾經跑過台北捷兔及China Hash的Crocodile Dundee鱷魚先生（Steve McCormick）移居台南後也搞了一個「台南捷兔」，可惜最後也是無疾而終，他只好跑去參加「高雄捷兔」。2017年，鑑於星期一晚上無夜間捷兔團體可跑，Super White（白仕超）也開了一個名為「亂X Hash」的團體，性質介於一般跑團和捷兔之間，但隨著Super White的離世，亂X Hash的活動就慢慢消失了。

Hash的創立與收攤是很平常的事，我在紐西蘭參加的第一個捷兔團體Manukau Hash House Harriers，在跑了十幾年後，隨著創會者移居澳洲，從每星期都有跑步到2個星期跑一次，最後連每個月一次都維持不了就倒團了，Hash團體的成立本來就沒有門檻，無法經營收攤也沒什麼損失，平常心就好。

捷兔會在台灣經過將近50年的發展，有越來越受歡迎的趨勢，這和新世代年輕人比較能夠接受西方文化有關。在亞洲地區，台灣的捷兔活躍程度僅次於發源地馬來西亞及語言相通的印尼，以全世界而言，台灣的捷兔會也算是發展得有聲有色，可惜大都集中在北部地區，東部地區還是捷兔荒漠，浪費了好山好水的後山。台灣中南部雖然也有一些分會，還是有很大的成長空間，要達到馬來西亞幾乎每個城市都有捷兔會的數百個分會規模，台灣還有待耕耘。

【我與捷兔的結緣】

台北捷兔尊稱帶你進捷兔的人為「師父」，我認為這個稱呼很貼切，因為捷兔會的大頭目就叫做Grand Master（大師父），尊稱推你入火坑的人為師父很自然。人說師父帶進門，修行在個人，有師父帶來一次後就打死再也不敢再來的；有師父陣亡，徒弟卻病入膏肓的；像我和我師父都深陷其中無法自拔的也不在少數。

我的師父Sand Crab（邱永）是我剛退伍不久後，在一家公司上班的老同事，我是電子維修員，他是司機，後來華僑老闆要去巴拿馬發展，我們就失業了。我師

我的師父
Sand Crab（邱永）

父改行開計程車，我上了幾年班後，因緣際會與朋友在松山永吉路開一家小小的電子公司；師父開車經過時，有空會上來公司坐坐聊聊天。

有時一個不經意的拜訪，無目的的閒聊，會改變一個人的一生，無論結局是好是壞。我師父一次隨機的拜訪，就改變了我下半生的生活型態。

1988年3月某天師父又來聊天，閒聊中提到他近來參加了一個跑步喝酒的團體，他登山會的朋友參加了捷兔，他就跟來了。因為我師父也喜歡喝兩杯，很對他的胃口，聽著聽著，我漸漸地心動了。那年我剛好30歲，自從退伍後再也沒運動過，加上我又喜歡喝啤酒，就決定週末跟他去看看。

我的捷兔初體驗

1988年3月26日是我人生的轉捩點。下午1點多，我開車到師父事先告訴我的集合地點：位於士林中山北路六段、福林路口僑大家具後面，現已歇業的American Legion（美國退伍軍人協會）前，1點多到達時，已有不少人等在那裡了。

2:00點一到，師父坐我的車跟著兔子前導的車隊一路來到木柵。從政大往貓空方向，經草湳大樹下來到道路的盡頭，木柵與深坑交界的最高點「三太子天南

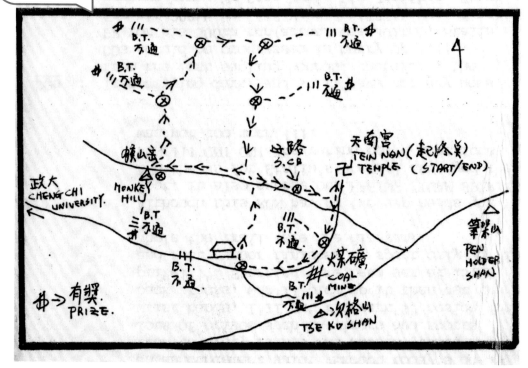

我的捷兔初體驗，回顧當年的路徑，現在都覺得有點硬

宮」。當年這條路還沒通到深坑，所以感覺非常偏僻，到台北謀生7、8年，從來沒到過這麼偏遠的地方，當時我真的有這種感覺。

當天跑步範圍大致是跑猴山岳稜線，及猴山岳靠深坑那一側，跑過現在很有名的「林家草厝」，只記得上上下下把我折騰到兩腿發軟，最後一個小坡幾乎是用發抖的雙腿硬撐上去的，那時對跑步的距離還沒概念，應該是中了頭彩，因為天黑了還有人沒回來，那次是台北捷兔的第791次跑步。

那時我開一輛手排車，下山時踩離合器的腳不聽使喚地發抖，令人哭笑不得。隔天下樓梯時，得像螃蟹一樣，橫著一階一階踩下去，第三天則要靠手扶著腳才能下床，就是俗稱的「鐵腿」。照理說我的捷兔生涯應該到此為止，可是我還是堅持下來了，我師父說鐵腿很正常，只要多跑幾次就好了，以下是讓我在捷兔存活下來的原因。

就這樣開啟了三十餘載的捷兔人生

常聽朋友說，要趁年輕時培養一種興趣或參加一個團體，否則退休以後日子會不好過，我對參加社團沒什麼興趣，因個性使然，我喜歡自由自在，做事比較隨性，不喜歡被束縛，一般社團都有一堆規定，與我個性不合，所以就興趣缺缺。可是台北捷兔就不一樣，想來就來，沒空來也無所謂，這是我喜歡捷兔的第一個原因——無拘無束。

如果說人一定要運動，無疑的跑步是最容易上手的。跑步不像其他運動，常受到人、事、時、地、物的羈絆。很多運動沒有辦法一個人單獨玩，尤其是球類，一定要呼朋引伴，而且要有場地；場地的運用要安排時間，有些運動要看天氣，有些運動還要購買昂貴的器材裝備，限制非常多。跑步就完全沒這些困擾，只要一雙跑鞋隨時隨地可以上場，有人甚至連跑鞋都不用，赤足、夾角拖跑步的也大有人在；任何時間、任何地點、任何天氣，想跑就可以跑。來捷兔跑步，也只要繳交當天的費用就可消磨一個下午，比看電影還划算。這是我喜歡捷兔的第二個原因——經濟實惠。

加入捷兔前我就很喜歡喝啤酒，捷兔並非純粹的運動團體，他的特殊啤酒文化讓我耳目一新，大開眼界。1988年時，台北捷兔每次的跑步費用只要150元，跑完後冰涼啤酒、飲料無限暢飲，還有小點心下酒，簡直是佛心團體，讓我愛到無法自拔，人生充滿色彩。一直到2002年我的酒牌被醫師吊銷後，人生才變黑白。沒認識我超過20年的捷兔朋友，以為我從來不喝酒或者不會喝酒，殊不知我只是「扣達」提早用完而已。這是我喜歡捷兔的第三個原因——暢飲啤酒。

我從事的工作一直是我學校所學的本業——電子產品的設計開發工作，電子產品的生命週期通常都很短，經常要和時間賽跑，壓力很大，長期緊繃的神經如果沒有適當的紓解，遲早會斷裂。利用週末時

間跑步後再喝點小酒，和兔友們天南地北地亂扯，可以舒緩一週來的壓力，充完電再戰。這是我喜歡捷兔的第四個原因——紓解壓力。

除此之外，讓我繼續跑下去最大的動力，莫過於當時有一位在師範大學教授歐洲文學及英美詩文的老外John Malcolm McLellan，他有一個中文名字叫「馬莊穆」，兔名為Guts，他因為幼時脊髓細菌感染，以致不良於行，必須拄著2支枴杖才方便行走，他竟然也來參加捷兔，確實給了我相當大的震撼。他並非可以跑步，而是拄著枴杖，走到無法再前進的困難路段時再折返。曾經看過他為了要上一個小駁坎，先把2根枴杖往上丟，再攀著樹根往上爬，爬上後拾起枴杖再繼續前進，著實讓人感動，他都可以了，我們有什麼理由退縮？

不知不覺參加捷兔已過了三十幾個寒暑，退休後，捷兔已成為我生活的重心，百分之九十的朋友都在捷兔裡，有兔友相伴，我心足矣！ON ON！

最右邊拄著拐杖靠著車子的就是Guts。
（Stanley Cheng攝於1986年，三芝）

註釋

① 《Off Duty》是當時專為駐外美軍所發行的休閒雜誌，有太平洋、中東及歐洲等不同地區版本。

② 在捷兔圈通常戲稱啤酒為Piss（尿），譬如說有時跑步中途會設啤酒站，就叫做Piss Stop，跟中文裡稱的馬尿，東西文化在這方面異曲同工。

③ 在很多台北捷兔的文獻裡，尤其是Guru所寫的多篇台北捷兔歷史裡，都記載創會者是4個人，即Organ、Slobbo、Jolly Good以及Mike McFarlane，令人納悶的是第一次的副兔子Fats竟然沒在裡面，有點不合常理，在有些資料裡也有提到創會者是5人，看起來有把Fats算進去；後3人可能因職務調動或因其他原因沒跑多久就消失無蹤了，所以連名字都很難被記住。嚴格說來，發起人是Organ，與其在籌備期間就有參與的人，都算是共同創會者，第一次有8人參加應無疑義。

④ 此時期進來的老兔友幾乎都不喝酒，而是衝著跑步來的，像兔名Marathon的郭宗智、President黃世璿、Eagle楊國鵬、Antelope林福城等，台北捷兔也因此漸漸從喝酒團體轉變為比較注重跑步。

⑤ 在1984年台北捷兔會長從半年任期改為一年一任前，並無會長不得連任的規定，有4次會長連任的紀錄，包括Wanker自己，會不讓Harbor連任應該和Harbor的行事風格有關。

捷兔
玩什麼？

所 謂捷兔三部曲，就是跑步（Run）、噹噹（Down Down）和霸許（Bash）。台北捷兔就像「把費」餐廳，每人可以選擇自己喜歡的部分享用。自從本土化以後，只是來跑步的占了大多數，也有不少是衝著喝酒、交朋友來的，享受自助餐一定要吃到撐的也不少，我屬於後者，從頭玩到尾。

【集合地點與收費標準】

捷兔最大的特點就是跑步地點每次都不一樣，兔子會帶你到一個你一輩子都沒想到會去的地方，有時甚至就在住家附近連自己都不知道的祕境。

參加捷兔活動，首先要知道當天的跑步集合地點。在通訊、網路發達的今天，一點都不是問題，出門前一查便知。無論是自行開車、共乘，或者搭乘大眾交通工具，只要遵照指示在指定時間到達集合點即可。

到了集合地點，第一要務就是先找 Hash Cash 報到繳費。捷兔是非營利社交團體，收取的費用只是用來支付啤酒、飲料、零食及基本運作的開銷。因為所有的幹部都是義務服務，所以捷兔收費一般都很平民化。以台北捷兔而言，200元就可以消磨一個下午，還有喝到飽的啤酒、飲料及零食，看一場電影都不夠，是CP質最高的休閒團體。

從定點集合到跟著麵粉前往

在沒手機及網路年代，通常是在活動結束後，再宣布下週的集合地點。當週缺席，就打電話探聽，週報刊登的集合地點時常臨時更改，並不可靠。資料顯示，台北捷兔早年的活動範圍以天母、北投、陽明山地區為主，是老外的生活圈，美軍顧問團福利社、酒吧俱樂部沿著中山北路一

路到天母圓環，櫛比鱗次。集合地點離市區較近，就直接在跑步地點集合，同今日做法。早期週報常記載集合點在Tienmu Tree（天母樹），Slobbo說就是天母圓環旁、派出所前的那一棵。

如果跑步地點較遠，就先在當時位於德行東路的VFW（海外作戰退伍軍人協會）集合，再一起前往跑步地點。當時開車的人不多，一般都共乘，人多就塞，在那個喝到爛醉都還可以開車年代，一台車擠進6、7個人很正常，擠不下再叫計程車。後來慢慢地就固定在VFW集合，2:00一到，大家就跟著兔子的車出發到跑步地點，遲到就沒戲唱了。

後來集合地點改在中山北路六段35巷福國路旁的FRA（Fleet Reserve Association，海軍後備軍人協會）。1988年我參加捷兔時，原地已換成American Legion（美國退伍軍人協會）經營，當年該地很好停車。隨著台灣經濟的發展，車輛暴增，交通繁忙，兔子搭乘的前導車要隨時注意後方的車子有無跟上，常須停車路邊等待被紅燈卡住的車輛，有時還會跟丟，相當不便。有鑒於此，於是產生第二集合點的做法。所謂第二集合點就是車隊出發前，先告知途中的著名地標再集合一次，等車輛到齊後再出發前往跑步地點，此時通常已出郊外，不會跟丟。例如跑步地點若在三芝方向，就會在現在賞櫻的天元宮再次集合，等所有車輛到齊後再出發，當年車子可直接開上的天元宮還是鋪著碎石的廟埕。

兔子安排的起跑點大多在荒郊野外，很難描述具體位置，才演變成現在跟著麵粉到集合點的方式。一般而言，麵粉記號的起點大多會從大家熟悉的大目標開始，高速公路交流道最常被使用。

在台北捷兔當兔子，最困難的地方並非路線的安排，而是停車地點難覓，雖已盡量共乘，但每個禮拜動輒100、200人的出席人數，要找到60、70輛車的停車空間，就要考驗兔子的功力了。

引導到集合地點的麵粉記號

預告前方路口要轉彎了

在山裡找到像這樣可以停60、70輛車的地方不是很容易，一般都停在路旁

產業道路的終點是停車的好地方

台北捷兔的收費沿革

　　每個捷兔會的收費方式及金額都不大一樣，尤其是在捷兔的發源地馬來西亞，更是五花八門，但這不在本書探討範圍，本節只談台北捷兔的收費沿革。

　　台北捷兔創立之初是採取月費制，從每個月200元，到1975年後調整為300元。月費制的缺點是，新加入會員未跑滿1個月的也是繳同樣的費用；無法每個星期都參加的會員，也覺得月費收費方式不大合理，後來就改為每次跑步繳100元。隨著物價的波動，我加入捷兔時已調整到150元了，1989年又醞釀調漲費用，但沒通過。幾年後還是頂不住物價上漲的壓力，在1996年底的幹部會議決議把跑步費用調到200元，1997年開始實施，至今二十幾年未再調整。

　　1998年，每週出席人數已達約150至200人左右，造成Hash Cash不少的負擔。會長Michael Jackson（林火旺）於是新採一項「年繳」的選項，一次繳7000元可跑1年，對出席率高的人很划算，同時也減輕Hash Cash的負擔。

　　雖然區區200元，但還是有些喜歡貪小便宜的人，除非Hash Cash提醒，常不主動繳費，能逃就逃，白吃白喝白跑。Hash Cash會移交經常不主動繳錢的黑名單，喜貪小便宜的人無關收入，為了逃費東躲西閃，應驗了一樣米養百樣人。

　　談到錢很傷感情，許多紛爭都是因錢而起，任何團體都一樣，錢越多問題越多，捷兔也無法倖免。雖然捷兔的經費不多，但偶爾還是會因為用錢問題引發爭端，為了捷兔的和諧與永續發展，筆者一直鼓吹捷兔會不要存錢，每一年度都把錢用完，有多少錢辦多少事，避免別有居心人士把捷兔搞得烏煙瘴氣。

　　台北捷兔曾有人提議購買會館。2000年時，500萬元左右即可入手台北市巷弄

內20、30坪左右的公寓，以當年台北捷兔每年的結餘，大概不用10年就會有永久會所了，有了不動產後的台北捷兔會變成怎樣，請讀者們自行想像。這項提議最後當然被否決，每年年底吃吃喝喝、送禮品把錢花光，甚至退費更實際。

快來繳錢囉！

先遣（偷跑）部隊

繳完費等待兔子出發的時間，是捷兔第一階段的社交時刻，捷兔話題百無禁忌，天南地北胡吹亂扯。尤其是沒女人的台北捷兔，聊來聊去總離不開腥羶色，時常把「兩腳跑，三腳勇」掛在嘴邊的老男人只剩一張嘴。

此時已經有一群人蠢蠢欲動了，紛紛向兔子打聽路線情況，準備提早出發，我們把這群人叫做「先遣部隊」。比兔子先出發本來不合乎抓兔子邏輯，但台北捷兔為何會默許這種行為呢？話說十幾年前，由King Kong（金光亮，榮總一般外科主治醫師）帶領的幾個年老色衰老兔友，因為堅持走完全程以至於時常晚歸，於是就偷偷地向兔子打聽路線，默默提早出發，被稱為「偷跑部隊」。漸漸地跟隨者眾，連原來極力反對的某些前GM也經不起歲月摧殘，紛紛加入偷跑行列，形成一股風氣。為了體諒這群喜愛捷兔的老兔友，好不容易盼到週末有藉口出門，跑（走）完後只消耗幾瓶礦泉水或運動飲料就離開，對台北捷兔的財務貢獻良多，況且捷兔本來就標榜是社交團體，也就睜一眼閉一眼了。時至今日，台北捷兔起跑時間未到，大概有一半以上的獵狗都已經上路了。

報到後的吹牛時間

出發前的熱身操

出發前拍團體照是網路流行後的產物

【捷兔最重要的核心——兔子】

兔子是捷兔的核心，也是捷兔和其他跑步團體最大的不同點。台北捷兔一年52週要消耗掉一百多隻兔子，一條好路線，兔子總要花費一番工夫準備，探勘多次並經過多次修整，無非就是要玩死獵狗，讓其永生難忘，或讓獵狗跑到通體舒暢，懷念不已。

兔子與副兔子

捷兔的主角，當然就是「Hare」兔子。兔子通常有2個，另一個叫「Co-hare」，我們稱之為「副兔子」，英文原意是「協同兔子」，本如同事般的平等關係，這裡還是遵照習慣就把Hare、Co-hare叫做「正兔子」、「副兔子」。除了正副兔子以外，其他人都扮演追捕兔子的獵狗，當兔子得事先規劃好路徑，安排逃亡路線，避免被獵狗抓到。

捷兔路線分為現做或預先做好的，現做的路線英文叫Live Hare Trail，兔子提早一段時間出發後，獵狗群就開始循著兔子留下的蹤跡抓兔子。台北捷兔兔子與獵狗的出發時間間隔，是經過長久的試驗調整後得出來的結果。根據台北捷兔早期文獻記載，創會時兔子提早30分鐘出發，可能從來沒人抓到過兔子而覺得無趣，才將時間慢慢調整到目前最理想的15分鐘。當活兔子很刺激，逃亡中常被遠處傳來的ON ON聲嚇到屎滾尿流，也是捷兔遊戲的樂趣所在。

預先做好的路叫Dead Hare Trail或Premarked Trail，早上就先做好記號，只留前後兩小段，起跑後做做樣子。先撒路線通常會有一群副兔子，做路像平常爬山一樣，快樂地邊撒麵粉邊玩。

先做好的路線，一群副兔子快樂郊遊去

早期台北捷兔（Taipei Hash）及健龍（China Hash）都是現做路線，姑且直翻為「活兔子」，活兔子比較符合原始「兔子和獵狗Hare and Hounds」的遊戲型態。前章提到過來台之前就參加過香港、首爾、東京等捷兔會的Kit Villiers，在他回英國前受訪時回憶說：「Taipei Hash和China Hash都是活兔子。」會特別強調，可見活兔子並非常態，至少他參加過的都不是，我參加過的外國捷兔會也大多不是活兔子。如今台北捷兔由於老齡化，大都變成死兔子了，敢現做的大多是年輕人。台灣健龍捷兔以及成立不久的北淡捷兔（BAT Hash）則標榜兔子必須是活的。根據維基百科在Live Hare欄目裡提到，美國的捷兔會大部分都是活兔子，其他地區則

兔子要出發了

抓到兔子的處理方式

既然是玩獵狗抓兔子的遊戲，若兔子被抓到要如何處置呢？死兔子沒有被抓到的問題，只有現做的活兔子才有機會和獵狗鬥智，真正體會好玩且刺激的捷兔遊戲精髓。現做路線無論是兔子或獵狗，無不卯勁狂奔，兔子深怕被抓到，獵狗拼命想抓兔子，這本來就是Hash的前身——「Hare and Hounds」或「Harriers」的核心，在19世紀還一度演變成類似賽馬的賭博遊戲。變身Hash後，抓兔子變成只是前菜，主餐是跑步後冰涼的啤酒及胡鬧瞎搞的噹噹，有無抓到兔子已不是重點。

根據記載，「Hare and Hounds」的遊戲規則是抓到兔子的獵狗，有指定誰當兔子的權利，如果兔子順利逃脫就由兔子指定，兩種狀況皆可指定自己。乍看很簡單的規則其實深具涵義，不喜歡當兔子的人不幸被指定當兔子（機率通常很高），就得拼老命避免被抓到，以爭取指定兔子的主導權，以免抓到你的獵狗再次指定你繼續當兔子，永遠當不

完。反之，喜歡當兔子的人就得想辦法抓到兔子，指定自己當兔子後避免被抓到，而得以繼續當兔子直到千秋萬世。這傳統沒傳到Hash，甚是可惜。

我曾讀過某捷兔會以前玩「獵狗抓兔子」遊戲時，對於抓到兔子的處理方式的報導，竟然是「剝皮」，把兔子衣服脫光令其跑回終點。台灣的捷兔會也沒這項傳統，否則男女混合的捷兔會就好玩了。在台北捷兔早期的文獻裡，記載過被抓到的兔子要幫抓到他的獵狗付酒錢，可能是抓到兔子的獵狗可以福利霸許，由兔子付錢吧！若這傳統延續下來，應該沒人敢做兔子。

演變到今天，台灣大部分的捷兔會在抓到兔子後選擇原地「放生」，令其繼續逃亡，獵狗在原地等10分鐘後再繼續追殺。也有獵狗抓到兔子後不願意等待，以免跑得正熱的身體冷卻掉，再次啟動不易，因而選擇叛變獵狗，加入兔子逃亡行列，幫兔子提麵粉或幫兔子做完未完成的部分。

沿途撒麵粉

否。也許是因為美國很多的捷兔會，都是從台灣隨著美軍繁衍出去的關係吧！

一般而言，當兔子都是自願的，但有時也會被Trail Master威脅利誘。在台北捷兔會員人數還沒爆發之前，一年做2、3次兔子是很平常的事。當時兔子使用的麵粉由會內提供，跑步仍須繳費，1998年以後才改為兔子自備麵粉。

被拒絕做兔子的英雄

雖說當兔子是自願的，而且也是一種榮譽，但還是有人被拒絕當兔子，理由大都是不管他人死活，路線常讓人跑到痛不欲生，而且屢勸不聽。雖說捷兔路線沒有規則也無限制，但也得考慮實際狀況，做一條令大家滿意的路線。整人路線偶爾為之也就罷了，一犯再犯就會被拒絕往來了。在此介紹2位在台北捷兔被拒絕再當兔子的英雄人物。

第一個首推兔名叫「雞屎」的林福待，跑步是他的生命，而且體力超乎常人，在「人物側寫」裡，筆者專門為他開闢一篇他多次被閻王拒收的故事，可謂九命怪貓。

雞屎做的路總是又硬又長，在台北捷兔平均年齡還是30、40歲的時候還可以忍受，當平均年齡已經來到60歲，路線長度就該斟酌了。令人印象最深刻的是有一次雞屎當兔子，集合地點在陽明山前山公園附近的教師研習中心，路線上到擎天崗後，看時間大家期待的是該回頭了，可是這老兄竟然繼續往北，下到接近馬槽附近才甘願折返。此時大部分人都已筋疲力竭，無意願亦無力氣再次翻山越嶺，就試圖走陽金公路回到前山，沒人意識到從馬槽回到教師研習中心，彎彎曲曲的公路竟將近10公里，最後大部分人是半路攔貨車坐回來的。

台北捷兔約每3個月會舉辦一次家庭跑步，開放家中老弱婦孺來參加，好讓他們知道家裡的男人到底都在捷兔搞什麼名堂，順便聯誼。通常家庭跑步會另做一條約3～5公里，1小時之內即可走完的親民路線，讓家中老小體驗一下。不知為何Trail Master會找雞屎來當家庭跑步的兔子，會長當然知道雞屎的風格，特別交代路線不能做太長。聽得進去就不叫「雞屎」了，他準備給老弱婦孺的路線，最快跑回來的獵狗竟然花了1個小時10多分鐘，比平常路線都要長，遑論另一條L路線了。根據經驗，最慢的獵狗所花時間約是最快的2.5倍，結果可想而知，眾人雞飛狗跳，哀鴻遍野，從此台北捷兔拒絕再讓他當兔子。

雞屎雖然被拒絕當兔子，沒想到2012年的一次家庭跑步，他的2個徒弟Justice

陳長甫及江衍皇當兔子，克紹箕裘，親子路線竟從中央社區的翠山公園跑到內湖忠勇山，把帶小朋友來的夫妻搞到人仰馬翻，差點鬧離婚。幾個自身難保的阿公級兔友，竟然還要背著耍賴不走的孫子，因而大家罵聲連連，有其師必有其徒。

另一個被拒絕當兔子的就是人稱康老師的Brick Shit House（磚茅房，康火生），他連續好幾年在土城「觀自在」做路，每次也都是又臭又長，因此土城「觀自在」就被捷兔戲稱為「康自在」。同樣也是在家庭跑步發生狀況，情形和雞屎如出一轍，雖然跑前他還信誓旦旦保證不會很長，但從此他被剝奪繼續在「康自在」做路的權利，除非他換地方。後來他搬到桃園石門水庫附近居住，把做路地點一起搬過去，才勉強接受他再次下海當兔子。

所謂江山易改，本性難移，2017年9月他當兔子，集合點在石門水庫外庫區。我因當天晚上有聚餐要趕回台北，路途遙遠又怕塞車，所以出發前特別問他：「老實說路線多長？我有事得趕回台北，如果路線太長我隨便跑跑就折返。」他信誓旦

且保證6～7K左右而已，我半信半疑，但看他說得很誠懇也就信了，不過心裡還是暗自加個1、2公里覺得還可接受就決定跑完全程。讀者們猜猜看實際多長？11.7K。他被罵翻了天，從此也被拒絕繼續再當兔子了。

【記號與路線】

兔子出發後會沿途做記號，當作兔子的氣味或排泄物，獵狗就靠這些記號追蹤兔子。想像一下兔子為了活命，拚命要擺脫獵狗的追殺，可能會跑的路徑都可以作為捷兔的跑步路線。因此參加捷兔要有不怕髒、不怕臭、不怕摔、不怕鬼的精神。

出發前向第一次參加的新人或來賓解釋規則

用什麼做記號

從捷兔的演化起源於「Paper Chase」到後來的「Hare and Hounds」可知，用紙做記號是捷兔的傳統。到如今，馬來西亞的捷兔會經常使用紙片或紙條，由於馬來西亞的捷兔會非常多，有時也會使用印有自己團體標誌的紙片做記號，以免互相混淆。台灣的高雄捷兔也使用紙牌，會有人回收。早期台北捷兔也使

用類似衛生紙材質的彩帶紙及粉筆，1990年代以前還有一些老兔子會用來綁在樹枝或芒草上，現在則用辦公室碎紙取代。由於碎紙有破壞環境之虞，曾經引起一些衛道人士的抗議，並在網路上引起論戰。除非在人跡罕至的山區或下雨天，台北捷兔現在已經盡量減少使用。在台灣兔子做路會說去「撒麵粉」，馬來西亞的華人會用福建話說去「放紙」。

綁在芒草上的彩帶紙

彩帶紙

高雄捷兔使用的紙牌

馬來西亞古來捷兔會使用的紙條

放紙（照片由馬來西亞古來捷兔會 Yun Lam海韻提供）

下雨天兔子會在麵粉裡加些食用色素增加可視度。但使用麵粉也並非萬無一失，尤其是在911事件後，美國發生炭疽攻擊事件，人人聞粉色變，捷兔的麵粉常被當成有毒白色粉末而引起騷動，下章將有詳述。

曾有人試圖以太白粉來做記號，也許是家裡有過期太白粉或臨時買不到麵粉，很不巧又剛好碰到下雨天，太白粉遇水全變透明隱形起來，結果可想而知天下大亂，獵狗到處亂竄，找不到回家的路。做記號的材料有時也要因地制宜，聽說在阿布達比的Hash跑進沙漠時就插小旗子當記號，雪地Hash只要灑橘子汽水即可，但要在汽水結冰前做完路。

Hash從什麼時候開始使用麵粉做記號已不可考，使用麵粉和粉筆，應該是衡量利弊得失後的結果。麵粉容易取得且價格合宜，相對比碎紙條環保，很容易被大自然分解，有些小動物也會幫忙分解，螞蟻、蝸牛、蟋蟀、松鼠等居功厥偉。

添加了色素的麵粉，遇水就會變紅色

羊骨頭也可做記號（2016/9/24 MEGA Hash，澎湖東吉島）

蝸牛和松鼠都會來享受麵粉大餐

磚頭也可用
（2019/9/21 台北捷兔第2439次跑步）

ON」就如同天主教、基督教的「阿門」，佛教的「阿彌陀佛」一般，用途廣泛，打招呼、文章書信結尾等都可使用。

用花做記號最理所當然，英文「花Flower」和「麵粉Flour」發音一樣

ON ON

一般而言，兔子每隔20、30公尺就會做一個記號，以利獵狗追蹤。間隔疏密視路況而定，雜木林、草叢等無路跡處要做密集些，否則獵狗容易迷路。獵狗跑在正確的路上就叫做「ON ON」，所以「ON ON」也成為捷兔界的共同語言，所有Hash的相關物品上都可以把「ON ON」印在上面，加上一個大腳印就是Hash的通用符號。如果捷兔也算宗教的話，那「ON

Check

　　當兔子最有趣的事情就是想盡辦法把獵狗耍得團團轉，所以會布下一些陷阱，擺脫獵狗的糾纏，避免被抓到。每個捷兔會使用的記號會有些許不同，初次參加一個沒跑過的捷兔會時，最好聆聽一下解說，以免誤認記號找不到回家的路。耍獵狗使用最多的就是「Check」，台北捷兔用一個圓圈中間一個X來表示，有些捷兔會只畫一個圈圈，或只畫一個X，有的是圈圈中間一個點，台中捷兔就使用這種Check。

　　Check記號一般都放在交叉路口或空曠處，讓獵狗難以追蹤。碰到Check後會有一段距離沒有記號，獵狗就要在眾多的可能路線中，找出正確的兔子逃亡路線，記號通常會在100公尺內再度出現，兔子可以依實際情況及需要設計多個Check以利逃脫。

茶園的Check
通常很難找

台中捷兔的
Check

不想找路的獵狗
就以逸待勞

　　獵狗找到記號時要大聲喊「ON ON」招喚其他獵狗跟上，殿後的獵狗碰到Check時可大喊「Are You ?」或「Are You On ?」以探詢情況，獵狗找到正路就會回答「On On」，還在找路就回「Checking」。已破解的Check會在旁邊畫箭頭記號，或將麵粉踢往正確的方向，後到的獵狗就不必再花時間摸索了。

Back Track

　　狡兔當然不想被獵狗逮到，除了Check外，兔子還會做假信號來愚弄或拖慢獵狗速度。在Check後，狡兔有時會做假記號，讓獵狗以為找到正路，一段距離後再畫上3條線，表示這條路是錯的，獵狗就要回到Check處再重新找正確路線，3條

線的記號就叫「Back Track」。

有些捷兔會使用FT（False trail，錯路）、CB（Check Back）、BC（Back Check）或其他符號來戲弄獵狗，作用與Back Track大同小異，無非就是拖延獵狗時間，避免被活捉。有的捷兔會在碰到Check後，要有連續3坨麵粉記號才算ON ON，1、2坨麵粉後就沒下文的，表示錯的路（False trail）。總之，到沒拜訪過的捷兔會做客時，要先弄清楚該會的符號及規則，否則在人生地不熟的地方迷路可不好玩。

看到ON IN表示快有啤酒喝了

碰到3條線就要回頭

ON IN

ON IN的記號表示抓兔子的遊戲快結束了，冰涼的啤酒就在前方等著你。ON IN通常是放在接近終點之前約500公尺處，遠近隨兔子高興，最好不要超過1公里。曾有兔子把ON IN放在離終點超過2公里以上的，引來一頓臭罵。

路線型態

沒參加過捷兔的讀者們一定會很好奇，捷兔的路線到底長怎樣呢？理論上，捷兔的路是沒有任何限制的，可以是登山步道、城市巷弄、產業道路、田埂、雜木林、竹林、墓地、亂葬崗、下水道、排水溝、溯溪、翻牆等，有人將其形容為「上刀山下油鍋」，相當貼切。

台北捷兔的跑步活動風雨無阻，無論颱風、地震、打雷閃電、大年初一或除夕，從1973年成立以來，甚至在2003年的SARS期間從沒開過天窗，每個星期六總有一群樂此不疲的瘋子，互相調侃是否家庭不溫暖才會週末一定要出門。這種不間斷的紀錄直到2021年被COVID-19打破，台北捷兔才破天荒地暫停活動。2021年5月15日的2525次是台北捷兔的歷史紀錄，跑完後中斷了2個半月，直到8月7日才恢復，台北捷兔也因此做了一件T恤以為紀念。

捷兔的路徑有2種型態，起點和終點在不同地方的稱為「A到B（A to B）」路線。起點和終點是在同一處，繞一圈又跑回到出發點的稱為「A到A（A to A）」

Covid Hash

路線。理論上，「A到B」才是正統
的路線型態，兔子逃亡沒道理再逃回原來
的地方。實務上，A到A比較容易實施，主
要是交通接駁問題。台北捷兔成立之初採
取的是A到B方式，現在除了特別跑步有巴
士接駁外，大都採取A到A的跑步方式。
我曾經在關島參加過一次Agana Hash的
跑步，Agana Hash是台北捷兔的孫子，
Okinawa Hash生的，當時還是保持著A到
B的現做路線。以做路的困難度而言，做A
到B的路線反而容易，能夠完美繞回原點的
A到A路線反而不容易。

任何地形皆可以
是捷兔路線

路線長度

捷兔的路線長度因各會而異，台北捷兔因為會員都是男性，路線會稍長且困難一些，平均在7公里左右，不同兔子做路風格亦不同，一般在5至10公里之間。跑快的獵狗約1小時左右即可完成，慢跑或行走2小時到2個半小時。偶有神經兔做超過11、12公里，通常都會挨罵。如果路線太長，兔子捨不得切掉，就會分長、短，以照顧志不在跑或年老力衰的獵狗。

在沒GPS的年代，通常連兔子都無法知悉路線長度，只能以跑步時間估算大概距離，出發前兔子也不會告知獵狗路線長度及路況。近年因為有電子設備可以記錄軌跡，兔子會鉅細靡遺地交代路線長度、爬升高度以及路況等資訊，雖然提高活動的安全性，卻降低捷兔路線的不確定風格及神祕感，抓兔子的趣味性就大打折扣了。

跑長（L）跑短（S）
悉聽尊便

透露太多細節給
獵狗知道並非
捷兔傳統

【捷兔重頭戲──噹噹】

噹噹就是在跑步結束後所舉行的一種儀式，是捷兔特有的文化。跑完後大家圍成一圈，找理由喝酒的活動，所以也叫做Circle（圍圈圈），有點類似救國團的團康活動，只是更加瘋狂，更加百無禁忌。有些捷兔會噹噹時會唱歌助興，有些則無。噹噹通常由會長或其他比較喜歡搞怪的兔友主持，有些捷兔會可以自請上台主持噹噹。被指名出來噹噹喝酒的人不得拒絕，可以說是獎賞，也可以說是懲罰，純粹好玩，用來實踐捷兔宗旨的第4條「說服老會員不要感覺自己已老」。

什麼是噹噹

噹噹（Down Down）就是一口氣把啤酒灌下去的意思，嘴唇不得離開酒杯，喝完就把酒杯高舉頭上，杯口向下，表示杯子已空。沒喝完當然就洗頭了，這也是噹噹時不能戴帽子的原因。

如果你認為噹噹只是找理由喝酒，那也未免把捷兔想得太單純了，光屁股坐冰

光屁股坐
冰塊

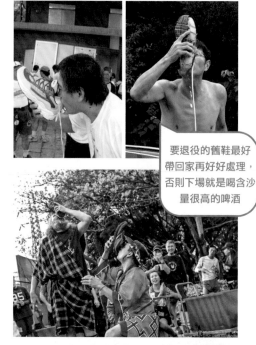

要退役的舊鞋最好
帶回家再好好處理，
否則下場就是喝含沙
量很高的啤酒

塊幾乎是所有捷兔會都會玩的幼稚遊戲，
卻都樂此不疲。任何理由都可以被叫上去
噹噹，兔子和第一次參加的人絕對逃不
了，第一個或最後一個跑回來的、力不從
心被老婆修理的、換新車、搬新家、踩到
狗屎、中樂透等等五花八門，任何無厘頭
的理由，全憑主持人高興。

　　噹噹花招可說五花八門，只有你想不
到，沒有捷兔做不到的。穿新鞋來跑捷兔
的，要用啤酒開光，在捷兔丟舊鞋要小
心，被發現也要用啤酒送終，舊鞋噹噹比
新鞋更慘，相信你沒喝過含沙啤酒。

　　除了杯子和鞋子外，萬物都可以用來
噹噹，醫院要丟掉的便器、馬桶吸、帽
子、雨傘、橡皮手套、保險套等等，任何
東西你想得到及想不到的東西都能噹。其
中最令人聞之色變的就是稱為茶包（Tea
Bag）的噹噹，把下雨天跑回來充滿泥沙的
襪子，當茶包浸到啤酒裡喝。另一種在台
北捷兔不會出現的特級茶包倒是有很多男

生搶著要，就是把女生跑回來的原味內褲當茶包，我在Interhash有見過，洋鬼子比較開放。

尺度沒拿捏好，玩到翻臉的也曾發生過。2004年在英國威爾斯舉行的Interhash，我就親眼目睹噹噹玩過火而產生的不愉快事件。噹噹時，被噹的人並不是坐在冰塊上，而是被丟進一個裝著碎冰及啤酒的塑膠桶裡。縱使是大熱天，把手伸進桶子撈啤酒，不消5秒鐘就會讓人凍到受不了，所以上去噹噹的人，無不儘快把啤酒喝完，即刻爬出。以捷兔的瘋狂程度而言，這本來也不算什麼，直到一個倒楣鬼爬進桶內後，2個本來噹噹時就在旁拿著水槍朝人亂射的噹噹助理，冷不防地把桶子蓋上，並壓住桶蓋不讓他出來，任憑這個倒楣鬼把桶子敲得乒乓作響，也不予理會。主持人繼續他的噹噹，直到他們覺得

萬物皆可噹

這次噹噹玩得有點過火

玩夠了才把桶蓋打開，只見被凍得嘴唇發紫、全身發抖的受害者，一出來就給壓桶蓋的人一拳，然後兩人個就扭打在一起。猜想他們應該本來就認識，否則不會玩這麼大。

無奇不有的噹噹花招

關於噹噹喝啤酒使用的容器，台北捷兔用過馬克杯、錫杯、陶杯、木頭杯等，最早使用20盎司的馬克杯，大約567cc，將近一大瓶啤酒，要一口喝完難度很高。應該是洗頭太多了，後來改用較小的12盎司馬克杯，約比罐裝啤酒多一點點而已。1988年我剛參加的時候，噹噹杯又回到500cc。

以前噹噹杯是沒在洗的，台灣

用100cc的免洗杯噹噹整個氣勢都弱掉了！

奧克蘭Hash的噹噹寶貝

人多了以後才拿一桶水意思意思洗一下，只有Penniless噹噹時，會先用衣角在杯緣抹一圈。2003年的SARS期間為了避免傳染，才改為100cc的免洗杯至今，台北捷兔的啤酒洗頭已成絕響。

紐西蘭的奧克蘭Hash為了噹噹還特別請玻璃廠吹了一支寶貝玻璃杯，用這支玻璃杯噹噹很有意思，未喝時寶貝是朝下的，隨著啤酒下肚，寶貝越翹越高，啤酒喝光寶貝就朝天了，誰說喝啤酒不好？奧克蘭Hash這根寶貝用一個專用木箱保存著，以免受傷或被挪做他用。

你以為噹噹的把戲就這樣？不不不！除了喝酒的道具匪夷所思以外，噹噹的姿勢也有講究，最常被用來噹噹的首推69式（Sixty-Nine），這招台北捷兔不常用，通常是一男一女，男生站立，女生倒立雙手撐地，雙腿靠在男生肩膀上，兩人一起喝酒，這姿勢通常需要多人幫忙，然後看著男生喝漏出來的啤酒淋濕女生胯下。另一招叫狗爬式噹噹（Doggy Down Down），就是像狗一樣趴著，用嘴巴咬著杯子喝酒，其他姿勢就不細說了，有興趣請參考性愛十八招。

如果這樣就結束了，就不能把噹噹稱為捷兔的重頭戲了，捷兔時常會搞一些道具讓你喝不到酒或被啤酒淋得滿臉滿身，例如將一節比手臂稍粗的水管套在手上，讓你的手臂無法彎曲喝酒，只能高舉酒杯對準嘴巴把酒倒下，時常倒了滿臉啤酒逗得眾人大樂，噹噹時褲子冷不防被人扯下也是家常便飯。

手臂套水管
喝酒

狗爬式
噹噹

坐冰桶

　　由於捷兔噹噹有時實在玩得太瘋狂，一些有形象包袱的如財經專家謝金河及一些醫生、老師們，都會避免參加，跑完後就開溜。大家也都能理解他們的處境，沒有為難他們。像我們這種沒形象顧慮的退休老頑童，就能放開懷地享受捷兔的豪邁與瘋狂。

捷兔第三部曲「霸許」

根據劍橋字典的解釋，Bash是「a party」，和「Hash」很押韻契合，所以台北捷兔的前輩就用這個詞來稱跑步噹噹後，繼續吃吃喝喝的頹廢行為。國外有些捷兔會稱為ON AFTER，怕太早回家碰到小王尷尬的人，就會繼續參加捷兔的第三部曲「霸許（Bash）」。

專責處理霸許的Hash Bash

早期台北捷兔人數不多，資訊也沒現在發達，所以兔子不必事先安排霸許餐廳，跑完想參加霸許的人，就相約到附近熟悉的餐館。每個地區通常都有捷兔常去的餐廳、海產店或土雞城，找不到或餐廳客滿就回台北續攤，或打道回府。

台北捷兔會員人數暴增後，霸許就成為難題，動輒4、5桌以上的參加人數，沒事先訂位，臨時要找到桌數夠的餐廳常得碰運氣。鑒於兔子除了找路還要忙霸許訂餐之事，負荷太重，因此1998年Michael Jackson（林火旺）當會長開始，就在Committee裡編制一個Hash Bash，專責處理霸許大小事宜。由於兔子對跑步地點附近比較熟悉，原則上由兔子找到合適的餐廳，再交由Hash Bash處理訂位、點菜、議價及結帳等事宜，以減輕兔子的負擔。兔子若要全權處理霸許事宜也非不可，通常這種情況都是福利霸許（Free Bash），就是兔子請客買單。

這種作業流程到了政府開始實施禁止酒駕後有了變化，台北捷兔會員大多自行開車，由於不能盡

情喝酒，降低參加霸許的意願，因此各山頭人馬都回到自家附近的餐廳自行霸許去了，參加官方霸許人數越來越少，除非特殊情況，否則目前參加霸許的人數大約也只剩1、2桌而已，又回到初期狀況。2015年Kid's Milk（彭春溪）當會長時，我建議把Hash Bash裁撤掉，照古法行事即可。雖然隔年又恢復編制，但2021年疫情來襲，會長Mosquito（陳仁浩）又把Hash Bash終結掉了。

牽涉到錢的問題難免會有些風風雨雨，霸許也不例外，主要發生在烈酒的供給上。捷兔官方喝到飽的含酒精飲料就是啤酒，所以霸許時只提供啤酒及飲料。華人有喝太多啤酒會影響小弟弟活動力的迷思，所以有人比較喜歡喝烈酒，但因為烈酒的價格範圍差距太大，不似啤酒價差有限，再加上霸許

時提供烈酒也引起一些不喝烈酒，甚至不喝酒兔友的反彈。不知道馬來西亞成立的不喝啤酒只喝烈酒的Brandy and Whiskey Hash是否和這種情況有關？

霸許餐廳選擇

捷兔霸許的餐廳一般都非常平價，起源於Hash在馬來西亞成立時，創會者時常鬼混的餐廳就叫Hash House，在英國Hash House指的就是平價的小酒館。捷兔成員本來就很喜歡胡鬧，霸許時喝起酒來更瘋狂，我剛參加捷兔的1980年代，有些老外的行為有些離譜，他們會把以前餐廳經常提供的濕毛巾（おしぼり）包著食物殘渣互相扔來扔去，搞得一片狼藉，經常被餐廳列為拒絕往來戶。近來雖然不再有亂扔東西的脫序行為，但是大聲唱歌喧嘩影響其他客人，有些餐廳也不是很歡迎。不過捷兔霸許時的喧鬧也非全為負面，有一次捷運兔在景美夜市附近的一家熱炒店霸許，我在馬路對面小公園旁換衣服時，聽見一對路過情侶的對話。女生對男生說：「這家生意好像不錯，下次來吃看看。」魚幫水，水幫魚，不是嗎？

印象中台北捷兔除了特別跑步及年會外，平常霸許吃過最好的餐廳是在翡翠灣的福華飯店。2003年SARS疫情期間，翡翠灣福華渡假大飯店生意慘澹，自助餐廳門可羅雀。在核二廠上班的兔子Nuke（吳逸群）在萬里做路，竟然訂在五星級飯店霸許，每人只花400元，還可生啤酒喝到飽。Nuke訂了5桌，卻來了7桌的人，我想餐廳服務生應該沒接待過這樣邋遢的客人吧，而且還把生啤酒喝到桶底朝天。要不是疫情，恐怕也無機會到五星級飯店霸許。

翡翠灣福華渡假大飯店雖然撐過了SARS，可惜17年後還是沒能熬過COVID-19的衝擊，在2020年歇業換手經營了。

【兔名】

大部分的捷兔會聚會時都不使用真名，會取一個別名，稱之為「Hash Name」，中文一般叫「兔名」，取兔名的用意是希望你在參加捷兔活動時，把自己在社會上的身分地位暫時忘掉，大家一律平等，沒包袱地在大自然奔跑，盡情胡鬧，放鬆自己。取兔名通常遵照個人的外型特徵、個性或胡掰亂取。有些捷兔會不一定每個人都會有兔名，會員要得到兔名必須有傑出的貢獻，幹一些不尋常或愚蠢的事才能獲得。有些捷兔會只要跑滿某些次數就給兔名，台北捷兔就屬此類，早期台北捷兔只要跑滿5次就會取兔名，而且正式承認為會員，現在則要跑滿10次。

取兔名

兔名不能自己取，這是會長或指定人的特權，在台北捷兔兔名不能隨意更改，有些捷兔會則想改就改。有人一個兔名走遍天下，有人一會一兔名。在台北捷兔有一個不成文規定，想改兔名要辦5桌請客，但能不能改成自己希望的兔名仍是未定之天，說不定改到一個更難聽的兔名。台北捷兔辦桌改兔名的我只聽過「Steel Asshole」，稍後會詳述。也有跑滿10次得到一個不滿意的兔名後就再也不來的。

先從Hash的老祖宗A. S. Gispert的Hash Name說起，他的Hash Name就叫「G」，姓的第一個字母，簡潔有力。台北捷兔及台灣健龍捷兔的催生者Don

Harmond，因為當年美國有一家很有名的電風琴公司叫Harmond Organ，所以他的兔名就叫「Organ（風琴）」，另一個還存活在台北捷兔的Zeke Hoffman，年輕時因為跑很快所以叫「Speedy」，後來身材走樣才變成「Slobbo」鹹濕大胖子的豬八戒形象。

我剛參加捷兔時取兔名很簡單，噹噹時會長解釋一下緣由，喝一杯就了事。近年來為了表示對新進兔友的誠摯歡迎，取兔名的儀式就越發慎重其事，各捷兔會無不使出渾身解數，各出奇招，無非就是要讓新人儘快地融入捷兔的胡搞文化，通過這關考驗才能成為真正的捷兔人。作為台灣最老牌的台北捷兔，除了請道士或牧師加持外，還得通過跪瓶蓋及冰水的洗禮。

專業道士穿的不是八卦道袍，而是啤酒道袍

最好不要在冬天取兔名，除非你想享受冰水浴

接受各朝各代會長的洗禮

關於Bamboo

我的兔名叫「Bamboo」（竹子），大部分兔友都叫我「本部」或「扁布」，現在除了和政府機關打交道外，基本上都使用這個名字跑江湖，與Guru一樣，兔名已喧賓奪主了。我的兔名是Slobbo的好朋友Air Start（Charlie林燦煌）幫我取的，當年我長得高瘦，所以他給我的兔名是竹竿（Bamboo Pole），叫到後來竿子不見了，只剩下竹子使用至今。

2007年我和台北捷兔一群兔友去印尼峇里島參加全印尼捷兔聯誼會（Pan IndoHash），晚會時有個傢伙跑來一群人台灣聚集的地方問道：「哪位是Bamboo？」我回答「是我」後，他就遞給我一個寫著Bamboo的識別牌，說我的識別牌掉了，我反射地低頭檢查掛在胸前的識別牌，明明安然無恙，他這才哈哈大笑。原來他的兔名也叫Bamboo，是馬來

西亞PJ Animales Hash的Bamboo，他從參加人員名單上得知台北捷兔也有一個Bamboo，特地跑來捉弄我。於是我們交換識別牌，並展開一場長達十多年的友誼，他在台北捷兔第2000次慶祝跑步時，帶了5個PJ Animales的會員前來共襄盛舉。在他當PJ Animales會長時，我也組團去馬來西亞參加他舉辦的活動，我們也時常在Interhash場合互送印有Bamboo字樣的T恤、帽子、夾克等Hash服飾，因兔名而展開一段跨國友誼，也是跑捷兔的一種意外收穫。

2018年10月某日，得知幫我取兔名的Air Start因病蒙主寵召，晚上打開臉書看到PJ Animales Hash的Bamboo告別式訃聞，驚嚇到我，竟然在同一天得知2個和我兔名有關的人離世的消息，不禁感嘆世事無常。

我一直保存著Bamboo的遺物

Bamboo Wei & Bamboo Choy。與2011年來參加台北捷兔第2000次慶祝跑步的馬來西亞Bamboo合影

兔名大觀園

動物家族

台北捷兔從兔名大略就可看出是哪個時代的產物，每個時期取兔名的風格不一樣，有一陣子會長喜歡用動物命名，例如跑得很快的林福成叫Antelope（羚羊），名字有一個「鵬」的楊國鵬叫Eagle（老鷹），周「章」榮就叫八爪章魚Octopussy，我的師父邱永因為下坡都是橫著走所以叫Sand Crab（沙蟹），其他如Vulture、Cobra、Bear、Buffalo、Panda、Koala、Kangaroo等都是動物家族。

名人家族

有一年會長喜歡用長相命名，尤其是看起來像名人的，例如長得像「尤清」的蔡品端，他的兔名也喧賓奪主了，長得像歌手伍佰的鄭信農就叫Five Hundred Miles（五佰哩），五佰已經和他連結了。現在由兒子當家的「金正日」陳志仁，長得像國父孫中山先生的就叫「孫逸仙」，台北捷兔還曾出現過毛澤東、卡斯楚、布里茲涅夫、史達林、托洛斯基，當然希特勒也沒有缺席。

醫生家族

Solw Coach邱榮輝帶來一位榮總的外科醫師邱一洲，人稱邱一刀，一刀病（命）除，理所當然的就成為「Hash Doctor」。他又帶來一票榮總醫生，一般外科居多，如叫Terminator（終結者）的吳秋文、名字諧音King Kong的金光亮、2021年的會長Mosquito（陳仁浩）。Mosquito可不是蚊子，而是外科手術用的一種小型止血鉗，增進醫學常識也算是跑捷兔的副作用。還有一位麻醉科的Laughing Gas（胡新實）及骨科Dr. Yellow（黃麟智），兩人已經退隱江湖很久了。Hash Doctor及Mosquito後來轉戰振興醫院。

最近又來了一位服務於衛服部桃園醫院胸腔外科的謝義山，我建議同行的會長Mosquito將他取名為「Lancet」，Lancet是世界上有名的醫學期刊，中文稱為「刺胳針」或「柳葉刀」。台北捷兔取兔名可沒你想得那麼天真無邪，台北捷兔有一個跑得很快，經常最早跑回來的謝悟峰，兔名理所當然叫早洩（謝），曾和兔名「陽痿」的楊偉杰共同在基隆做過一條陽痿早洩路。有人問陽痿和早洩何者較為不幸，當然是陽痿，早洩至少還有爽到，那Lancet濫洩（謝）呢？

職業變成兔名

台北捷兔裡以職業取兔名的很多，如做網版印刷的「Printer」，做印刷的取「Play Boy」及「Penthouse」，調侃他們專門印那些刊物，「Counter Feinter」則專門印假鈔，而修理摩托車的則叫Autobiker。從事航運有關的更慘，從Ship Wreck（船難）、Titanic（鐵達尼）到Taiping 1949（太平輪），都是沉船。

前述那位改名的「Steel Asshole（鋼門、肛門）」，專門生產豪宅的鋼門，大家只管叫他「ㄍㄤ門」，至於是「鋼」還是「肛」則隨人解讀。曾在Metro Hash聽到這麼一段對話。

女兔友問：「他為什麼叫肛門？」
「因為他在做鋼門。」
「真假？肛門怎麼做？」
「哪知道？不過一般也叫鐵門。」
「靠！」

Steel Asshole這個兔名是在China Hash取的，在台北捷兔，Aqua（李源慶）當會長時以他名字「林而宏」的諧音「耳紅」取兔名為Red Ear，很顯然肛門並不買單，於是他就花錢請客改成他鍾愛的鋼（肛）門。

説到Aqua，不得不提一下他這個奇人，藥理系畢業的他有超強的記憶能力，捷兔裡每一個人的本名、兔名都可以倒背如流，包括祖宗十八代、外婆小三，只要介紹一次，幾年後碰到還是可以叫出名字，所以最好別欠他錢。

幹了蠢事而獲得兔名

至於因為幹了蠢事而獲得兔名的首推「萬七」黃啟明。2013年我帶一些台北捷兔的兔友要去吉隆坡參加Mother Hash的75週年慶，臨行前幾天，已報名的Whore House（李盛填）臨時有事不克參加，剛跑沒多久的黃啟明得知消息，就興沖沖地要代替他的名額，因為機票無法轉讓，他只得另花1萬7000元買了一張比我們還貴一倍多的同艙等機票，「萬七」的兔名不費吹灰之力得來。另一個叫「兩萬」的吳國河則是做兔子時，把打算福利霸許（Free Bash）的2萬元搞丟了，因而得名。不過我覺得事情沒那麼單純，八成是被老婆暗槓了，福利霸許？老娘拿去買新衣服多好。

「兩萬」和「萬七」算是有錢人了，有一位電信幫成員Three Bucks（張三成）只有「三塊」錢。不過沒有最窮，只有更窮，周義淵名字與「一元」諧音，所以Hash Name就是「One Dollar」，看來他只贏五毛而已。

性器官大集合

用穢物或男女性器官取兔名是全世界捷兔界的同好，Dog Turd「狗屎」我就碰過好幾個，「雞屎」是台北捷兔的名人，其他諸如Hash Shit、Gun Shit、SM Shit、Ham Shit、Pitcher Shit等等都是大便家族。全世界各民族都會使用各種動物或器物隱晦地稱呼男女性器官，同一種語言在不同的文化背景下也會有不同含意。台灣南部鄉下叫青蛙為「四腳仔」，北部人叫的「水雞」在南部是指女人陰部，平常都避免使用，但捷兔卻反其道而行。

2005年我帶一群台北捷兔的兔友去參加Okinawa Hash的與論島特跑，會長SLAP（Squeals Like A Pig，像豬一樣叫）和一位叫「Beaver Receiver」的女生前來接機，我問她為什麼取「海狸」的兔名時，她有點不好意思的指指下面，我頓時明白，以往我只知道取「Pussy」貓咪，原來海狸也很可愛，真是孤陋寡聞。

以前有個開車行叫Gordon Boyce的老外，因有自己的汽車保養廠，所以取兔名為「潤滑油」，卻故意把Lubricant拼成Lubricunt，把cunt邪惡地鑲進兔名裡，cunt是對女性性器官很低俗的稱呼。有更直截了當就叫Vagina（陰戶）的，台北捷兔的Vagina已經很久不見了，記得我在1990年去馬尼拉參加我的第一次Interhash時，在飛機上叫他的兔名卻引來一陣側目，當年我哪裡知道什麼是Vagina，不知道怎麼拼也不知道什麼意思，只是跟著別人叫，所以在非捷兔場合叫別人的兔名還是要注意，不要隨便在中央大學叫那個專門研究衛星的張教授「Dr. Vagina Face」，否則他的形象會毀於一旦。

Fire Bird（火鳥）的兔名聽起來一點都不腥羶色，但在齷齪的捷兔界並非如此，三十幾歲還沒有女朋友的蕭緯騰，憋得整隻小鳥都是火，就是他兔名的由來。

一位在工研院上班，研究遺傳流行病學的鍾加明取兔名為DNA，乍看和遺傳有關，但如果你知道它是「Dick in Asshole」的縮寫就不會做如是想了。其他用Dick、Cock、Prick等男性性器官別名當兔名的多如牛毛，就不一一贅述了，看上一章新竹捷兔創會過程提到那幾人的兔名就會明白。

說到最沒創意的兔名，就屬鼎鼎大名的財經專家謝金河了，兔名「Golden River」不就只是直接將名字中翻英？不知道當年的會長是打混還是手下留情。

【啤酒與啤酒車】

提到捷兔的主角「啤酒」，也有一些故事。台北捷兔目前大都喝台灣啤酒，啤酒和其他酒類不同，不會越陳越香，而是越新鮮越好喝，所以每個國家的本土啤酒就占有絕對的地利優勢。

拖吊車載運啤酒

台北捷兔並不是一開始就喝台灣啤酒，而是喝由Schlitz（施里茨）贊助的啤酒，不夠喝再從美軍顧問團的福利站（Post Exchange，簡稱PX）購買，早期台北捷兔會員有一半是美國大兵，軍中福利品非常便宜，這家美國百年的啤酒廠在20世紀初盛極一時，後來難逃衰退命運，1982年售出後幾經轉手，最後落到藍帶（Blue Ribbon）啤酒手中。從台北捷兔的Logo、100次跑步特刊及早期的照片上，都可以看出來Schlitz是台北捷兔最早期的主要飲料。另外一家美國品牌啤酒Falstaff也曾贊助過，百威Budweiser也試圖打入捷兔，但沒成功，這時期由於會員人數不多，還用不上啤酒車（Beer Wagon），2、3箱啤酒飲料往後車廂一丟，問題就解決了。

美軍撤離台灣後，廉價啤酒斷炊，老前輩們曾找過菸酒公賣局（台灣菸酒公司的前身）談價錢，結果台啤能夠提供的最優惠價格，還是比原來從PX買的貴2倍以上。基於啤酒是捷兔最主要的費用支出，經過細算後覺得生啤酒比較划算，於是台

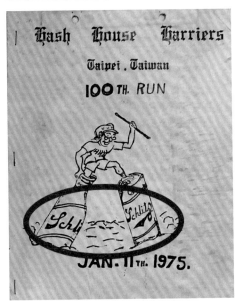

北捷兔就買了一個生啤酒桶及打氣設備，開始喝起生啤酒。

顯然載運生啤酒裝備不是一般小轎車就能勝任，於是就利用Lubricunt（Gordon Boyce）的拖吊車擔綱啤酒車。Lubricunt在台北開一家汽車公司，擁有上百輛的各式車輛，專門出租給外商公司及來台出差的外國人，他提供拖吊車當啤酒車使用，並安排2個員工隨車服務。別訝異，當年的拖吊車只不過是一般的小貨車裝加裝一副吊桿而已。

因為生啤酒的消耗量實在無法有效控制，在天氣較涼或出席率不高時反而造成浪費，雖然後來冬天以罐裝啤酒代替，成效仍然有限，最後還是回歸飲用罐裝啤酒。台北捷兔後來改為玻璃瓶裝是因為有人會把啤酒帶回家，我師父Sand Crab就抓過一個把啤酒及飲料裝滿整個背包打算帶回家的新人，此人後來再也沒出現過。

拖吊車客串的啤酒車（照片由Stanley Cheng提供）

台北捷兔會員人數還不多的時候，很長一段時間都是由Lubricunt載運啤酒，因為他有各式車輛可供使用，有時義務幫忙，有時捷兔會補貼一些油錢，但並不是很穩定。T.Y. Wanker回憶說有一陣子他曾經和Penny胡志強到處

張羅啤酒。另外，德記洋行的總經理Up-N-Coming（Jim Cumming）也常把即將到期或剛過期的進口啤酒，提供給台北捷兔免費喝到爽，我剛參加捷兔那幾年就常喝到海尼根、Tiger、San Miguel、Calsburg等啤酒。

幾經演變的啤酒車

台北捷兔人數激增後，小汽車已無法勝任載運啤酒任務了，因為經費也漸充裕，於是就僱用台北捷兔第一次跑步終點那家雜貨店的林姓老闆載運。數年後外號老和尚的啤酒車老闆在一次出勤時中風，由於當天是2002年11月台北捷兔恢復舉辦中止了15年的迷你馬拉松，因此印象特別深刻。後來啤酒車由老闆娘接手，不過因為長期無法解決啤酒不夠冰涼問題，在2007年7月7日被當年的會長Life U.K.（陳澤淵）炒了魷魚。會記得特別清楚是因為當天我是兔子，又是3個7的吉祥日，集合地點在新店碧潭橋旁的空軍烈士公墓，跑步範圍在和美山一帶，最後搭人工擺渡回來。由於當天豔陽高照，萬里晴空，無風無雲，加上35℃以上的高溫，跑回來快虛脫的獵狗，期待的冰涼啤酒竟然變成燒酒，大家怨聲載道，成為壓垮駱駝的最後一根稻草，UK會長當場就叫啤酒車下禮拜不用來了。

此後，啤酒車任務就交由會員之一的Firewood（王木火）負責。到了2012年初，忍受不了閒言閒語的Firewood，為了利益迴避辭去啤酒車職務，改由綽號排

骨的陳建誠接任，他也趁機下海跑了一百多次，而且有個兔名叫Sometimes（三太子）。直到2020年底，會長e-Life對他處理2500次特跑的啤酒供應有意見，現役的陳義發才走馬上任，不過排骨還是繼續為新北捷兔服務。

台北捷兔的啤酒車除了供應啤酒外，也提供各種飲料給不喝酒只來跑步的人，礦泉水和運動飲料是標準配備，其他還有沙士、鮮草蜜、蘆筍汁、維大力等，當然還有餅乾、花生、葡萄乾、沙其瑪等小點心供配酒及暫時充飢，如此只收200元，你說捷兔佛不佛心？

老和尚的
啤酒車

Fire Wood的
啤酒車

三太子的
啤酒車

現役啤酒車

冰涼啤酒

各種飲料

餅乾零食

【週報】

週報是用來記錄每個禮拜活動及預告跑步地點的刊物,台北捷兔第一份週報是在跑了3個月後的第13次跑步才開始出刊,合理懷疑是從雅加達來的訪客Gordon Wilkinson教的。第一份週報除了報導當次跑步概況外,也把幾個主要人物介紹了一下,最後預告下次跑步的集合地點。這份週報是用打字機直接打在一般的A4紙張上,2個星期後才有印刷版頭的專用紙張。

早年的郵寄週報

最早週報叫Newsletter,是貨真價實的Letter(信函),都是郵寄的。每個星期活動結束後,On-Sec(祕書)就會把當天的活動狀況做綜合報導,活動過程全靠祕書的生花妙筆,在沒電腦的年代寫作全靠打字機,然後再影印後寄給會員。除了會員外,也寄給其他捷兔會互相交流,海外的友會通常1個月寄送一次以節省國際郵資。老外玩的遊戲,內容全部是英文,沒什麼好奇怪的,早期參加捷兔的本地人多少也都會點英文,看懂跑步地點及公告,大致沒什麼問題。隨著本地人越來越多,完全不懂英文的會員逐漸增多,終於在13年後,Harbor(康俊雄)第一次當會長的1986年時,週報會在重要事項旁加註中文,省得不懂英文的本地人東問西問。

1989及1990年的祕書On-Sec是一個將近200公分高,穿13號鞋子的老外 "Vulture" Karnik,他除了會用中文寫報導外,也會把台北捷兔那隻光喝酒不跑步的兔子換成他喜愛的兔女郎,偶爾還會教論語及美國雙關語。

開始使用週報專用信紙

台北捷兔的第一份週報

週報刊頭的演變

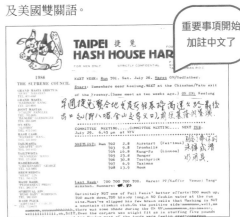

重要事項開始加註中文了

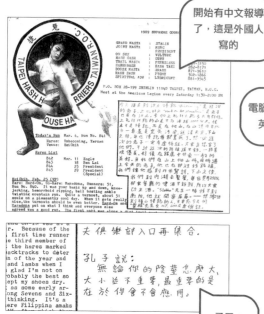

開始有中文報導了，這是外國人寫的

電腦列印的中英文週報

夫俱樂部入口再集合。

孔子説：
無論你的陰莖怎麼大，大小並不重要，最重要的是在於他會不會應用。

子曰：

THHH 第850次竹東懷舊在4月29米酒先生是此次的怼么。假如想參加，請你叫"MERC"先生繳報名費 NT$500元若是你在"HASH"末曾跑夠5次以上，你必須繳 NT$700元。

孔子説：保險套比看醫生更便宜。

特跑的詳細報導，結果沒被刊出來，理由是「沒人看」，Guru一氣之下不再撰寫任何文章，英文報導成為絕響，台北捷兔徹底本土化。

能在下次跑步前收到訊息，就會用限時寄送，但郵寄費用是平信的4倍，對捷兔財政造成不小負擔，後來人數多了改用大宗郵件處理，再遲只好現場發放。我加入台北捷兔的1988年，On Sex是Air Start（林燦煌），他有繪畫天才，所以開始手工繪製路徑圖，但他時常喝得很鏘，週報常常開天窗。可惜這種手繪路線圖不是人人可為，只是曇花一現，維持1年就消聲匿跡了。

進入電子化時代

直到2008年，任職於水保局的Twin Head，因為職務需要用到GPS定位，開啟了台北捷兔GPS軌跡紀錄新年代，到2021年底止共記錄了七百多條軌跡，密密麻麻布滿台北盆地周邊，還不到台北捷兔將近50年來所有路徑的三分之一。

1999年，服務於中華電信的Dog Turd（高印壽）幫台北捷兔設立一個http:// come.to/tpehash的網站，開啟台北捷

1991年我和Jumbo（詹健吉）負責週報，Jumbo撰寫中英文稿，我擔任編輯，首次使用中文電腦打印取代手寫，往後週報就漸漸中英混雜。隨著老外人口越來越少，英文報導變得有一搭沒一搭，英文系畢業的Bum Fuck（周武俊）是1997年會長，曾操刀過英文報導一陣子，此外後來轉戰馬場的知名露乳俠Buffalo（謝群忠）也下海寫過英文報導。雖然英文讀者不多，但對於傳統的尊重，英文報導還是儘量維持著。英文報導後期由僅存的幾個老外輪流撰寫，但還是以Guru所寫居多。2009年前幾個月還有幾篇英文報導，1900次特跑後，Guru特別拜託Roger Me（Kevin Meyer）寫篇該次

兔通信電子化的時代；2年後，新的網址 http://www.taipeihash.com.tw設立，初期由Bear、Cobra、Finger Job及Yua Hwi 等人合力維護，週報也開始用Email發送，電子化後應該可以把紙本終結掉，可惜台北捷兔不用電子設備的老骨頭很多，廢除紙本週報遭遇很大阻力。

現今網路社交媒體已非常發達，週報的功能也日漸式微，老頭子們再也找不到跟不上時代的藉口，台北捷兔終於在2021年正式終止紙本週報的發行，全以電子郵件發送，只印一張貼於啤酒車，服務真正無法上網的老古董。

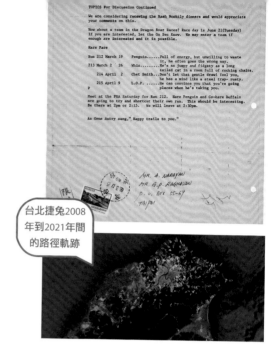

台北捷兔2008年到2021年間的路徑軌跡

手工繪製路徑圖

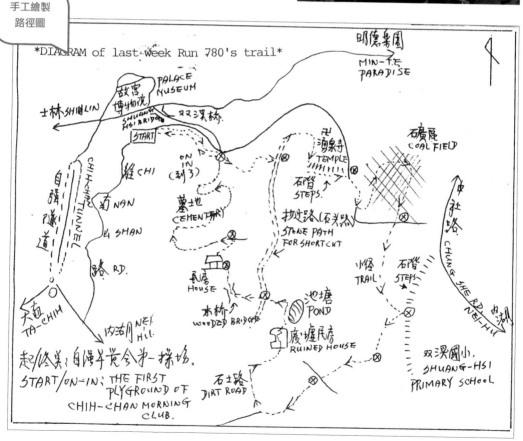

DIAGRAM of last week Run 780's trail

MIN-TE PARADISE 明德樂園

PALACE MUSEUM 故宮博物院

士林 SHIH-LIN

SHUANG-HSI BRIDGE 雙溪橋

START

ON IN (3则3)

CHIH-CHAN TUNNEL 自強隧道

維 CHI

NAN 南

SHAN 山

路 RD.

墓地 CEMENTERY

TA-CHIM 大崙

NEI HILL 内湖

START/ON-IN: THE FIRST PLYGROUND OF CHIH-CHAN MORNING CLUB. 起/終點：自強早覺會第一操場。

DIRT ROAD 石土路

WOODED BRIDGE 木橋

POND 池塘

RUINED HOUSE 廢墟民房

HOUSE 民房

STONE PATH FOR SHORTCUT 抄捷路(石英路)

TRAIL 小徑

STEPS 石階

TEMPLE 湧泉寺

STEPS 石階

COAL FIELD 礦床

CHUNG SHE RD. NEI-HU 中社路 内湖

SHUANG-HSI PRIMARY SCHOOL 双溪國小

【Hash Song】

　　有些捷兔會在噹噹時會唱歌助興，有些則無。歌曲內容大都戲謔詼諧、葷素不拘，有些甚至低俗不堪，會員皆不以為忤且樂此不疲，甚至還可集結成冊教唱。捷兔歌曲大部分利用耳熟能詳的旋律，套上插科打諢的歌詞，很容易琅琅上口，也就是所謂的「歪歌」。

　　捷兔歪歌成千上百，有些簡短，適合噹噹時唱；有些像男女對唱的山歌，你一句我一句，通常是在霸許時配啤酒助酒

捷兔歪歌多到可以集結成冊，甚至還有CD版本

興，可以唱到地老天荒。捷兔歪歌很多，在此介紹一些在國際性捷兔活動場合經常聽到的給讀者們。

海外流傳的噹噹歌曲

Swing Low, Sweet Chariot

　　這首流傳美國200～300年的黑人聖歌落到捷兔手上後，竟然也變成捷兔聖歌，主要是歌詞中的Coming被歪解成Cumming（高潮、射精）的意思，再配上手語及猥褻的暗示性動作，整首歌就歪掉了，這首歌經常被當作噹噹結束前的壓軸歌曲。

　　台北捷兔在1979年曾隨週報寄發了一張帶有圖解動作及歌詞的教材給會員，可惜後輩大都不會唱了。

Swing low, sweet chariot,
（輕搖吧，可愛的馬車）
Coming for to carry me home,
（來帶我回家吧）
Swing low, sweet chariot,
（輕搖吧，可愛的馬車）
Coming for to carry me home.
（來帶我回家吧）
I looked over Jordan, and what did I see,
（眺望約旦河，我看見了什麼）
Coming for the carry me home,
（來帶我回家吧）
A band of angels coming after me,
（一群天使向我而來）

Coming for to carry me home.

（來帶我回家吧）

If you get there before I do,

（如果你比我先抵達）

Coming for to carry me home,

（來帶我回家吧）

Tell all my friends that I'm coming too,

（請告訴我的朋友們我來了！）

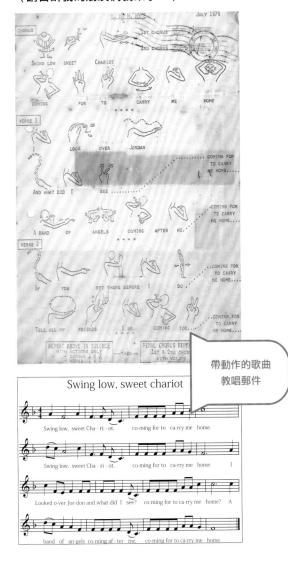

帶動作的歌曲
教唱郵件

Swing low, sweet chariot

Coming for to carry me home.

（來帶我回家吧！）

Here's To The Bastard

　　這一首歌最常在噹噹時唱，簡短有趣，極盡捉狹之能事，先把被噹噹的人消遣一番，說他不能上天堂，所以下、下、下……（Down, Down, Down...），下到哪裡雖沒明白說，大家都心知肚明。這首噹噹歌版本相當多，旋律都一樣，歌詞五花八門但大同小異，在此節錄3種不同版本共享。

Here's to (Hash Name), He's a blue.

（僅此獻給〔兔名〕，他是一隻色狼）

He's a bastard through and through,

（他是個徹頭徹尾的大混蛋）

He's a bastard so they say,

（他是混蛋所以他們說）

And he'll never get to heaven in a long long way.

（他永遠無法在漫漫長路上天堂）

Drink it down, down, down, down...

（喝下去！噹、噹、噹……）

Here's to (Hash Name), He's true blue.

（僅此獻給〔兔名〕，他是個真色胚子）

He's a hasher through and through,

（他是個十足的捷兔人）

He's a pisspot so they say,

（他是個酒鬼所以他們說）

Tried to get to heaven but he went the other

way.

（他想去天堂但他走錯路）

So drink, drink, drink, drink...

（所以喝、喝、喝……）

He's a true blue he is so true.

（他是一隻真色狼他真色）

He's pisspot so they say.

（他是個酒鬼所以他們說）

He's an asshole through and through.

（他是個徹頭徹尾的大混蛋）

He tried to go to heaven,

（他想去天堂）

But he went the other way,

（但他走錯路）

So down, down, down, down...

（所以噹、噹、噹……）

Why are we waiting

噹噹歌曲最後一句通常是「down, down, down...」，此時被噹者就開始喝酒，一直唱到啤酒喝完，如果時間拖太久，就會轉唱這首催酒歌，用的是「O Come Let Us Adore Him」的曲調。

Why are we waiting,

（為什麼讓我們等？）

Could be masturbating（fornicating），

（你是在打手槍（跟人通姦）嗎？）

Oh why are we waiting so fucking long.

（喔，為什麼要讓我們等他媽的那麼久……）

Do-Re-Mi

這首1958年電影《真善美》（The Sound of Music）的名曲《Do-Re-Mi》也逃不過捷兔的毒手，充分利用Do-Re-Me的諧音，結合捷兔的主要元素——啤酒，就可唱到嗨翻天。

Dough, the stuff that buys me beer,

（錢〔Dough〕，這東西可以買啤酒）

Ray, the guy who brings me beer.

（雷〔Ray〕，這傢伙幫我帶來啤酒）

Me, the guy who drinks the beer,

（我〔Me〕，就是我在喝啤酒）

Fa（r），a long long way to beer.

（遠〔Far〕，漫漫長路去喝啤酒）

So, I'll have another beer,

（所以（〔So〕，我還要啤酒）

La（ugh），and have another beer.

（歡笑〔Laught〕，再來一些啤酒）

Tea, no thanks I'll have a beer,

（茶〔Tea〕，不！謝了！我只要啤酒）

And that brings us back to,

（又把我們帶回到）

D'oh! D'oh! D'oh! D'oh!

（多！多！多！多！）

Three Blind Mice

《三隻瞎老鼠》（Three Blind Mice）是英國很有名的童詩，改編劇本的歌曲後來成為童歌，捷兔版本變得很成人，只有一句歌詞，國語、閩南語及英語發音差不多，聽一次就會唱。

I like cunt, I like cunt, I like cunt, I like cunt,

（愛來幹，愛來幹，愛來幹，愛來幹）

La, la, la, la... La, la, la, la... I like cunt.

（啦啦啦啦……啦啦啦啦……愛來幹）

■ The Battle Hymn of the Republic

《共和國戰歌》（The Battle Hymn of the Republic）是美國南北戰爭期間十分流行的歌曲，同樣也被捷兔拿來開耶穌的玩笑。

Jesus can't go hashing 'cause he's nailed upon the cross,

（耶穌不能跑捷兔，因為祂被釘在十字架）

Jesus can't go hashing 'cause he's nailed upon the cross,

（耶穌不能跑捷兔，因為祂被釘在十字架）

Jesus can't go hashing 'cause he's nailed upon the cross,

（耶穌不能跑捷兔，因為祂被釘在十字架）

Jesus Saves, Jesus Saves, Jesus Saves!

（耶穌救世人，耶穌救世人，耶穌救世人！）

Free beer for all the hashers,

（免費啤酒獻給所有兔友）

Free beer for all the hashers,

（免費啤酒獻給所有兔友）

Free beer for all the hashers,

（免費啤酒獻給所有兔友）

Jesus Saves, Jesus Saves, Jesus Saves!

（耶穌救世人，耶穌救世人，耶穌救世人！）

Jesus, we're only kidding!

（耶穌，我們只是在開玩笑！）

Jesus, we're only kidding!

（耶穌，我們只是在開玩笑！）

Jesus, we're only kidding!

（耶穌，我們只是在開玩笑！）

Jesus Saves, Jesus Saves, Jesus Saves!

（耶穌救世人，耶穌救世人，耶穌救世人！）

專屬台北捷兔的嗆嗆歌曲

我加入捷兔時，無論Taipei Hash或China Hash，嗆嗆時都沒有唱歌，但出國參加海外捷兔會，嗆嗆時常聽啤酒配歪歌，氣氛歡樂，但全英文的歌詞對台北捷兔三、四年級的老捷兔人而言，英語能力一般都有限，很難與之同樂。有鑑於此，台北捷兔也想要有屬於自己且容易上口的

噹噹歌曲。1997年6月14日，在跑後的霸許場合，微醺的Michael Jackson（林火旺）如廁時，腦中突然閃過世界盃足球賽歌曲的旋律，因而創造出一首噹噹歌曲，歌詞和旋律都很簡單，很快就在台北捷兔傳唱開來。

O~I~O~I~O~I~Eh~, We Do Down Down, We Do Down Down, Dwon, Down, Down...

　　1個月後，Michael Jackson打鐵趁熱，又把當時當紅的麒麟啤酒廣告歌曲（後來改編成《流浪到淡水》的副歌），引入台北捷兔成為另一首噹噹歌曲，從此以後台北捷兔噹噹時就更加歡樂了，這首歌後來也傳唱海外捷兔界。

有緣～無緣～大家來作伙，燒酒飲一杯，呼乾啦～呼乾啦～

▌TAIPEI HASH HOUSE HARRIERS SONG

```
TAIPEI HASH HOUSE HARRIERS SONG

Give a yell, give a cheer,
We're the boys who drink the beer,
We're the Hash House Harriers.
We are brave, we are bold,
We drink more than we can hold,
We're the Hash House Harriers.
And it's Hey, hey, hey,
Another case away.
Sing out our motto loud and clear--MORE BEER.
As we run toward fame,
Drinking is our game,
We're the Hash House Harriers.
```

　　Michael Jackson創作第一首噹噹歌曲時，原以為台北捷兔從來就沒有專屬歌曲，其實不然，台北捷兔第230次跑步的週報就登過一首專為台北捷兔而寫的歌詞，可惜沒有譜，與那首《Swing Low, Sweet Chariot》一樣沒傳下來，幸好Slobbo還記得，趕緊請他錄影存檔以免失傳，不過他所唱的與原歌詞有些許不同，也許後來有改過。

Give a yell, give a cheer,
We're the boys（guys）who drink the beer,
We're the（Taipei）Hash House Harriers.
We are brave, we are bold,
We drink more than we can hold,
We're the (Taipei) Hash House Harriers.
And it's Hey, hey, hey,
Another case away. (What you got to say)
Sing (Shout) out our motto loud and clear
MORE BEER.
As we run toward fame,
Drinking is our game,
We're the (Taipei) Hash House Harriers.
*（ ）內是Slobbo唱的版本

其他改編的方言歪歌

　　1998年的Interhash（國際捷兔聯誼會）在馬來西亞的吉隆坡舉行，順便慶祝Hash House Harriers創立60週年，在一次跑步後回大會會場的巴士上，湊巧全車都是馬來西亞華人和台灣人，於是就唱起華語歌了。台灣人除了「有緣、無緣」外也拿不出什麼作品，倒是坐在後面的馬來西亞華人，夾雜各種語言的葷歌，一首接

一首。幾首聽得懂的福建歌曲，粗俗大膽到驚掉我的下巴，雖然英語的捷兔歪歌尺度也不遑多讓，但畢竟不是母語，聽起來比較不會覺得不自在。

Mary had a little lamb

一首從童歌《瑪莉有隻小綿羊》（Mary had a little lamb）改編的福建話歪歌《贛林老木》，其旋律與歌詞搭配得渾然天成，不用唱直接念就是這個調，於是我決定把這首七言絕句引進台灣，因為台灣話與馬來西亞的福建話語出同源，一聽就懂。但最後一句歌詞實在聽不懂在唱什麼，問清楚才明白原來是廣東話「屌妳老母閪」，意思一樣。鑒於在台灣懂廣東話的不多，於是就把最後一句修改了一下歌詞，同樣符合旋律，所以這首「贛林老木」的馬來西亞版本和台灣版本會有些微不同。因為歌詞實在太猥褻低俗，這種不登大雅之堂的歌，台北捷兔通常都在人煙稀少的荒郊野外才會唱，但白目時也有例外。

2015年的全島特跑由高雄捷兔在龍崎舉辦，輪到台北捷兔上台嚐嚐時，本來想把「贛林老木」搬上嚐嚐台，考量到現場有他會女性，如此超直白的歌詞怕引起反感，我突然想到一句原住民「太麻里隔壁」的笑話，上台前臨時把歌詞改成「我家住在太麻里隔壁」，於是在沒有事先排練的情況，一上台眾人就完美完唱，引起滿堂采。於是台北捷兔又多了一個版本的歪歌，雖然諧音意思差不多，好歹隱晦一些，不似台語版本赤

裸，是公共場所的版本。

苦酒滿杯

還有一些華語方言歪歌也在馬來西亞及印尼的捷兔圈流傳，一首由《苦酒滿杯》的曲子改編的福建話歪歌，時常在馬來西亞及印尼的華人捷兔圈傳唱。2017年改編者之一的Uncle Yap（Yap Yok Foo 葉若波），請我幫忙把他原來用拼音寫的歌詞改成中文，才有完整歌詞。

（Composed by Chua Hong Pong & Yap Yok Foo 葉若波, inspired by Ong Boo Kuan）

Tong kim eh charbore chin chia swee, Kuar liaw eh low nuah
（當今的查某真正嬌，看了會流涎）
Tong kim eh charbore chin chia hiow, Kuar liaw eh chut siow
（當今的查某真正嬈，看了會出洨）
Kuar lai kuar ker, kuar ka ki, Kuar tiok ngun

liap hoot

（看來看去，看自己，看到兩粒核）

Lam par chi, tua sway liap, Ler eh low harm char kway teow

（卵葩膣，大小粒，你的老蚶炒粿條）

Chi bye kam lan chiow

（膣屄含卵屌）

▌愛妳在心口難開

　　另一首是用《愛妳在心口難開》（More Than I Can Say）曲調填詞的廣東話歪歌，我不懂粵語，只好求助懂廣東話的朋友幫忙，這2首在台灣並不流行。

Wo Wu wo wu ye e ye e, Char nin ho kor mor tai peh

（喔~嗚~喔~嗚~他~咿~他~咿~ 揸奶好過摸大脾）

Chong leong fong, fan kan hiong

（沖涼房，番皂香）

Fan kan hiong, siong ko neong

（番皂香，想溝女）

Siong toh ko neong, tar sow cheong

（想到溝女，打手槍）

Tar toh sow cheong, lok kow cheong, lok kow cheong

（打到手槍，碌溝長，碌溝長）

▌聖誕鈴聲

　　有一首唱一次就會的歌也在同時期引進台灣，用的曲調是大家耳熟能詳的《聖

誕鈴聲》（Jingle Bells），歌詞就是喝到吐，吐完再喝，很符合捷兔精神，是以福建話發音。不過有人覺得喝酒會吐不夠威，所以把所有的「吐」都改為「飲」，雖然感覺很猛，但少了一點趣味。

　　2009年是台北捷兔徹底本土化之年，當年Aqua會長還自創一首台語的捷兔歌，號稱任何曲調都可套用，偶爾還會拿出來唱唱。

Taipei Hash　聽人講起　爬山落崎　真趣味
大家相招　Down Down Bash　燒酒喝甲
笑微微

　　台灣熊跑山俱樂部成立後，也大量創作專屬噹噹歌曲，用台語歌曲調改編居多，因為有女眷的緣故，所以歌詞大部分都健康正向，與捷兔風格大相逕庭。

捷兔記趣

以捷兔團體的奇葩性質而言，製造出一些讓平常人覺得不可思議的事情，一點都不讓人感到意外。全世界Hash界發生過的趣事、糗事、鳥事、慘事……不勝枚舉，本章將略舉一二，以饗讀者。

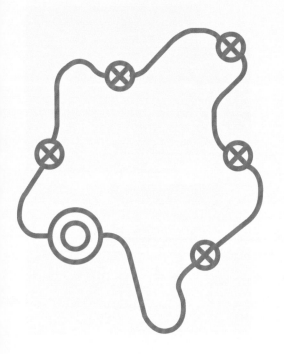

【都是麵粉惹的禍】

捷兔選擇使用麵粉代替碎紙做記號，是經過衡量後的權宜之計。麵粉對環境的傷害程度，相對而言比紙片或碎紙條低些，因此被全世界的捷兔會廣泛使用，同時也產生一些趣聞，尤其在美國遭受911恐怖攻擊及炭疽事件以後。

人人聞粉色變

2007年8月23日，美國康乃狄克州紐哈芬市（New Haven）的IKEA賣場，來了一群警察及穿著化學防護服的工作人員，並緊急關閉IKEA門市，疏散人群。原因是有人報案說有可疑人士在停車場周邊撒下不明白色粉末，引起當地及附近城鎮居民的恐慌。

警察循線找到一個在附近醫院服務的眼科醫生Daniel Salchow及他從德國來訪的妹妹，原來他們當天是New Haven Hash House Harriers的兔子，跑步路線穿過IKEA的室外大停車場。Salchow解釋那些粉末只不過是平常家裡都會使用的麵粉而已，用來當作跑步的指引記號，但他們還是被控破壞社會安寧並引起恐慌的一級重罪。

在法庭上，Salchow的辯論律師說，這種使用麵粉做記號的遊戲在全世界都一樣，他們在華盛頓DC甚至把麵粉撒經伊拉克及以色列大使館門前，也都沒事；在新

加坡，警察可以對隨地吐痰的人開罰單，但對Hash跑步撒麵粉的行徑卻視若無睹並習以為常。

最終他們還是被判50小時的社區服務，以免償4100美元的罰款及賠償IKEA停止營業的損失。發生在New Haven Hash的並非是單一事件，2002年在芝加哥動物園也發生過類似的事件，那時正是美國炭疽攻擊事件剛過沒多久，大家聞粉色變，風聲鶴唳，沒想到事隔5年後，大眾仍然提心吊膽。

2008年4月，7個跑經北京東區酒吧街的老外，被公安以涉嫌恐怖活動拘捕，公安懷疑他們用來做記號的白色粉末是有毒物質。直到凌晨4點法醫檢驗報告出爐後，這幾個倒楣鬼才被釋放。《時代雜誌》的報導並沒提到是哪一個捷兔團體幹的好事，只說他們從1980年代就在北京開始這種跑步活動了，我猜不是北京捷兔（Beijing Hash）就是義和團捷兔（Boxer Hash），那時北京正準備舉辦奧運，警察公安無不繃緊神經，草木皆兵。

撒麵粉撒到吃罰單

當然，在台灣也發生過類似事件，不知是台灣的狡兔比較厲害，還是台灣警察（或憲兵）比較仁慈，所以兔子並沒被逮到。話說一個叫No Ball（Jeffrey P. Wilson）的老兔子，在即將離開台灣前往上海發展前夕，替Metro Hash的前身「月圓跑步」做一條告別台灣的City Run。

起跑點在台北火車站附近館前路上的一家小餐館，跑步範圍大致在總統府周邊的博愛特區，恰巧也是在炭疽病毒陰影籠罩全球之時。總統府前衛兵及博愛特區便衣，看到一個洋鬼子提著一袋白色粉末在總統府周邊到處亂撒，大驚失色，急起狂追。他們哪裡跑得過沒卵葩的兔子，最後只好以最快的速度把白色粉末清掃乾淨，留下一群在博愛特區到處亂竄，得自己找路回家的獵狗。

TNT Hash就沒那麼幸運了，2015年7月24日，淡水捷運站幾個警察圍著一個滿臉無辜的可憐蟲——小菊（梁恒耀），他在車站外補做導引到集合點的記號時，被捷運警察逮個正著，收了一張1500元的罰單，TNT Hash還為此做一件T恤以紀念此次轟轟烈烈的事件。

在捷運站寫TNT很危險

GM買單

好無辜
的小菊

2010年7月31日，台北捷兔的第1962次跑步，時任恩主公醫院一般外科主任的Mosquito（陳仁浩）當兔子，特別找來了Five Hundred Miles五佰（鄭信農）搭檔演出，在三芝的真武殿慶祝他的第500次跑步。當天出席很踴躍，來了將近200人，跑步路線途經十數個大小蜂窩，野蜂受到大隊人馬的驚擾傾巢而出，群起圍攻獵狗。估計當天半數獵狗皆遭蜂吻，受害程度輕重不一。據查，被叮最多的中了11包，雖然此蜂大多是俗稱「雞屎蜂仔」的帶鈴腹胡蜂，毒性不強，但還是哀鴻遍野。數學老師Sogo（林世顧）本已全身而退，為了陪遲到的Formosa（林恭任）再跑一趟，結果如願得了七燈獎，真是有情有義。

【危險性】

吃燒餅沒有不掉芝麻的，尤其像捷兔這種沒底線的亂亂跑，一不小心就會摔得鼻青臉腫，斷手斷腳。從我跑捷兔以來大小傷不斷，舊傷未癒新傷又來已成常態。

與野蜂狹路相逢

捷兔在跑步過程中最常碰到的就是被蜂螫，每年的8～11月是各種蜂類出沒的季節，尤其在沒有颱風侵襲的年份，捷兔與各種蜂類正面對決事件屢見不鮮。捷兔的跑步路線通常都是登山客較少造訪的冷門路線，或是兔子硬砍出來的路，時常侵犯到蜜蜂的地盤。與野蜂狹路相逢的決鬥，通常都是兔子獵狗慘敗，每年零星被叮的就不提了，來說一下比較慘烈的。

得了七個燈
的Sogo

要有相當魅力
才會被蜜蜂強吻
（Kim Jong Il金正
日，陳志仁）

是可忍孰不可忍，
摘下一個蜂巢報復

都有五佰的份，確定是他招蜂引蝶。

2021年10月2日台北捷兔的第2534次跑步，兔子已事先警告「長」的路線上會經過蜂窩，怕被蜂螫的獵狗儘量跑「短」的路線。明知山有虎，偏向虎山行，很多「無長不跑」的勇士決定冒險。經過蜂窩下方時，各個屏住氣息，壓低身子，雖有警戒蜂在頭頂繞飛，嗡嗡作響，但只要蜂窩沒受到威脅，警戒蜂也沒展開攻擊，全員安全通過。

2013年6月23日，才成立不滿半年的新北捷兔第25次跑步就迎來一次嚴重的蜂襲事件。這次是Five Hundred Miles五佰當兔子，Life UK（陳澤淵）當副兔子，跑步地點在七堵泰安瀑布。出發沒多久，領頭犬F.M.D.（李財福）就跑回頭叫大家別再繼續前進，他已被蜂叮了十幾個包，且有多人遭殃。一時之間，獵狗到處亂竄，試圖另闢途徑突圍。

當我正在另尋替代道路時，隱約聽到有人叫喊救命，聞聲而去只見人稱「阿姑」的李秋玲坐臥在一處斜坡旁，全身癱軟無力，無法行走，只得攙扶她下到產業道路旁，叫來救護車送醫急救。原來她被蜂叮了數下，吃了兔友給的抗過敏藥後沒多久就癱了。事後清理戰場，超過20人遭蜂螫，包括一隻小狗也遭殃。2次蜂襲事件

前方樹上
有蜂窩

研究對策

被蜂螫的慘痛經歷

筆者在捷兔的活動中被蜂螫的經驗也不少，通常都不予理會，讓其自行消腫，但有2次例外。2013年7月在一次找路途中的下午，被一隻不知名小蜂叮到右手背，該蜂很小且不感覺疼痛，就沒有在意。晚餐時發覺右手掌已腫脹到像哆啦A夢的可愛小手，我還是沒把它當回事，心想慢慢就會消腫，以往經驗就是這樣。

沒想到這隻比一般蜜蜂還小的不知名野蜂毒性超強，晚間10點左右，右手已經腫脹到手臂了，發覺情況有點不妙，趕緊就近到醫院掛急診。打了抗組織胺後，醫生說要留院觀察6小時，只好留在急診室的病床上打點滴假寐。半夜1點多，朦朧中聽到急診室有醫生和病人對話的聲音，也是因為被蜂叮到來掛急診的，其間還夾雜英語的交談聲，感覺聲音有點熟悉，睜開朦

矓雙眼一瞧，原來是住在附近的Jam Rag（Diva Lin），她也是因為下午去找China Hash的路時被蜜蜂叮到小屁股，半夜受不了才來掛急診，多麼巧合啊！可見當年的野蜂有多猖獗。

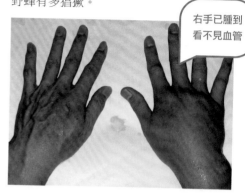

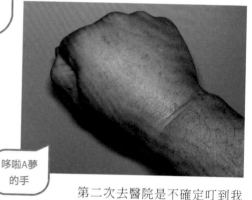

第二次去醫院是不確定叮到我的是不是蜜蜂，因為當時天黑沒有看到加害者。2018年4月，在大直參加TNT Hash夜跑時，為了尋找一個兔子設在劍南路上的Check，在撥開擋住小路的樹枝時，感覺中指指尖一陣刺痛，心知不妙，漆黑中用手電筒照了一陣，找不到元凶，懷疑只是被帶刺的植物扎到。但中指指尖很快就腫起來，而且感到劇烈的麻痛，不像被植物刺到反應，和以往被蜜蜂叮到的狀況也不一樣。我不敢繼續再跑，Power

Sperm（林建億）陪我沿著劍南路走下山，回集合點取回背包趕緊就醫。

　　我會緊張是擔心自己是否被盤在樹枝上的毒蛇咬了，我曾經在劍南路附近看過赤尾青竹絲。到醫院時整隻手掌都腫起來了，我和醫生討論我的猜測，醫生觀察一下傷口說：「只有一個洞應該不是蛇咬，被蛇咬到會有兩個洞。」我也想過這問題，怕的是蛇口比我的中指大，只刺進一顆牙而已；所幸打了抗過敏藥後就漸漸消腫了。

　　常在野外打混的Penniless（Nick Mayo）經常被蜜蜂叮到並不意外，他提醒我被蜂螫後最好不要自己開車，有一次他被蜂螫到，回到停在路邊的車旁時突然暈倒，一個路過的計程車司機把他叫醒送醫，他說如果在開車時暈倒，後果將不堪設想。

紅火蟻與吸血螞蝗

　　在與小昆蟲的邂逅中，紅火蟻也是很恐怖，被叮咬一次鐵定刻骨銘心，好在我還沒遇過。2021年4月30日星期五，平常在星期五晚上跑步的桃園捷運兔，因勞動節連續假期的關係，把跑步時間改為下午。Fire Bird在找Check時，不慎踩到紅火蟻窩，頓時火鳥戰火蟻，火鳥不幸慘敗。我沒遭紅火蟻毒口的經驗，只能根據事主描述：火鳥說被咬時像被蜂螫一樣劇痛，然後是奇癢難耐又抓不得，生不如死，經醫生治療後，傷口很久才癒合，留下明顯疤痕。

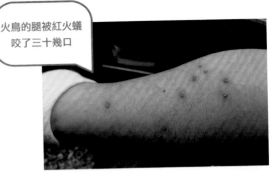

火鳥的腿被紅火蟻咬了三十幾口

　　同樣是遭紅火蟻荼毒，雨靴Boots（郭承權）就沒那麼好過，2019年3月30日台北捷兔第2414次跑步時，Boots不小心惹到紅火蟻，引發過敏反應，嚙嚙進行中突然昏倒，不得不叫救護車送醫。

嚙嚙進行中喔咿～喔咿～就來了！

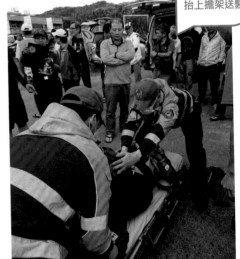

可憐的Boots被抬上擔架送醫

偷渡的螞蝗

紅火蟻窩

雖然用麵粉圈起來
警告了，還是有人
踩下去

4隻準備用餐
的螞蝗

　　至於吸血的螞蝗（水蛭），跑經潮濕山路經常都會帶幾隻回家，螞蝗不算危險，只是有人覺得噁心，被吸幾口也不會因失血過多而亡。跑捷兔沒被吸過血的人不多，螞蝗吸血時並不容易察覺，通常是發現襪子或褲管血紅一片，才發現已被螞蝗蹂躪過，或者是身上有類似泥土的黑點沖洗不掉，仔細一看才知道是螞蝗正在用餐。

澎湖仔想把
牠當寵物養

假獵犬碰到真惡犬

　　假獵犬碰到真惡犬也是跑捷兔的噩夢，大都也是假獵犬敗陣收場。通常兔子做路時會儘量避開野狗出沒路段，但流浪犬居無定所，狹路相逢在所難免。

　　2016年7月31日新北捷兔第187次跑步，Kid's Milk（彭春溪）及Pin Hole（林文琛）在虎豹潭的偏遠山區做路，Wendy（孫文琳）為了保護陪跑的小狗，慘遭農家所飼養、專門追捕山豬的2隻黑狗攻擊，

大小腿皆被黑狗緊咬不放，嚇得她花容失色，幸虧黑狗並未撕扯，沒造成更大傷害。解危後，把跑捷兔當成登山活動、隨身都會攜帶急救包的Lucy（李露芳），第一時間就幫她消毒並包紮傷口，因處理得宜，送醫後被醫生誇獎一番。

黑狗咬痕歷歷

花容失色的Wendy

瘀青一片

台北捷兔也發生過一次慘烈的狗咬鳥事件，且發生在我當兔子的時候。2020年12月12日台北捷兔的第2503次跑步，我被「指定」當兔子，因為Trail Master Black Donut（劉進榜）說那天的兔子是特地留給我的，讓我受寵若驚就接受了。

我找來當天生日的雙胞胎兄弟Twin Head（張承遠）及Twin Ass（張啟宏）當副兔子，年一對、月日一對，加上雙胞胎副兔子，雙雙對對，感覺相當吉利。

根據Twins的建議，我們把跑步地點選在台北捷兔近20年來未曾跑過的友蚋山一帶，屬於界寮縱走的一段，同時也開闢了一些新路。探路時，我們注意到附近有一處養狗場，但因為跑步路線沒經過，狗也都圈養著，就沒特別交代。跑步當天撒完麵粉回來後，有人回報某某的雞雞被狗咬掉，把我嚇出一身冷汗。問明原委，原來是跑了近百次還沒取兔名的江某某，他在第一個Check處找路時，一時不查闖入專門收養流浪犬的「毛小孩幸福農莊」，被園方飼養的一隻獒犬一口咬住下體，頓時血流如注。脫困後被發現他的R.P.M.（李志勇）開車送下山就醫。幸虧只是陰莖外皮約8公分的撕裂傷，未傷及主幹且蛋蛋尚存，是不幸中的大幸。經醫生縫合休養數週後，苦主自述除了角度有些偏移外，已恢復往日雄風。

很多人有「溜溜」恐懼症，聞蛇色變，還好到目前為止，還未聽過有跑捷兔時被蛇咬的事故，原因無他，蛇更怕被人踩到，通常在兔子跑過後就開溜了，一般獵狗不容易碰到。倒是在找路時，我就經常碰到各種蛇類，通常以無毒居多，大多蛇類在感覺到有人靠近時就會自行溜走，但也有不動如山的。一般而言，蛇不會主動攻擊人類，除非被踩到，所以如果你不是跑在前面的快腳或到處找Check，倒也

不用太過擔心。

自作自受

比起被動物咬傷，跑捷兔自己不小心摔傷的機率反而來得更高，先說說我自己跑捷兔三十多年來的受傷經歷。

記得剛跑捷兔沒多久時，有一次在木柵跑步不小心撲倒在地，金屬錶帶把左手腕內側挖開一道約1公分多的傷口，由於該處布滿血管、神經及控制手掌的肌腱，爬起後連忙握握手指以確定功能是否還正常，所幸沒有割斷要害，趕緊把翻開的肌肉壓回去，下山縫了3針，疤痕如今還清晰可見，從此以後我不敢再戴有金屬錶帶的手錶跑步。

另一次比較嚴重的摔傷是在2013年1月26日，台北捷兔的第2092次跑步，R.P.M.在大湖公園做的路。跑到康樂山稜線上的步道時，不小心絆到一根突起的樹根，還來不及反應，臉就重重地敲在突起地面的樹根上，眼鏡瞬間噴飛，下唇則被牙齒和樹根夾擊，撕開一道深溝，四肢也多處擦傷，就近趕赴三軍總醫院就醫，又縫了3針。

傷痕累累

除了這2次比較嚴重的摔傷外，還有2次扭傷腳踝的紀錄，就是俗稱的「翻腳刀」，一次傷到韌帶，休養半年才復原；另一次只是拉斷血管，瘀血腫脹，一個多禮拜就消腫痊癒了。其他如跑步時被樹枝劃傷、芒草割傷、岩石擦傷等不計其數，舊傷未癒新傷又來，都無感了。

翻腳刀，
拉斷血管腫脹

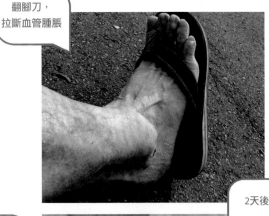

突出的樹根
要小心

2天後

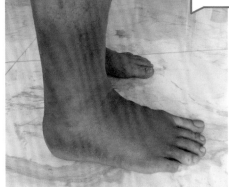

2017年10月台北捷兔第2340次在土城的跑步，Aqua也不小心被樹藤絆倒，靚臉對撞地球，縫了9針，傷得比較嚴重。2018年的大年初二，T.Y. Wanker一開春就跌到狗吃屎滿臉土，還好用了八十幾年的老骨頭沒散掉，只有手臂擦傷。

敝人當兔子時的災厄也不少，2次都是發生在做228 Hash的路線時。2011年的228 Hash，我在六張犁福州山撒麵粉時，踩到排水溝邊緣一塊鬆動的水泥塊，滑落半公尺深的水泥排水溝，小腿上半部到大腿外側，被銳利的水泥邊緣刮掉一層皮，手肘也為了支撐而受傷。另一次是2017年，也是做228 Hash的路，為了砍出一條全新從沒跑過的路，把自己的左腳也砍了，深可見骨，縫幾針已忘了。做兔子開路砍路砍到自己的人不在少數，但不知為何這些人仍然樂此不疲。

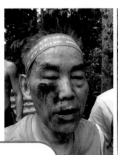

Aqua差點破相

Wanker跌到狗吃屎滿臉土

2011年228的戰果

Cockeye為了砍路連自己手都砍了

斷手斷腳

跑捷兔摔斷手腳時有所聞，見怪不怪，我就親眼目睹雙胞胎的哥哥Twin Head在我眼前實況演出。2009年台北捷兔的最後一次跑步，跑步地點在新北市石門區，路線回到集合點前的最後一段路是鋪著地磚的茶山古道且一路下坡。Twin Head快速超過我及King Kong、Mosquito等醫生後，路線突然改變方向向右轉入小徑，Twin Head見狀緊急剎車、換檔然後右轉，由於鋪設地磚的路面濕滑異常，Twin Head轉彎過猛，說時遲那時快，只見他騰空飛起後重摔在地，同時傳來清脆的一聲「啪」，大事不妙了。不消1分鐘，醫生就趕到出事現場，經檢查後確定右手骨折，Mosquito馬上展開野戰急救模式，找來幾根竹子、樹枝，用頭帶及T恤臨時固定後送醫做進一步處理。

無語問蒼天

修復完成

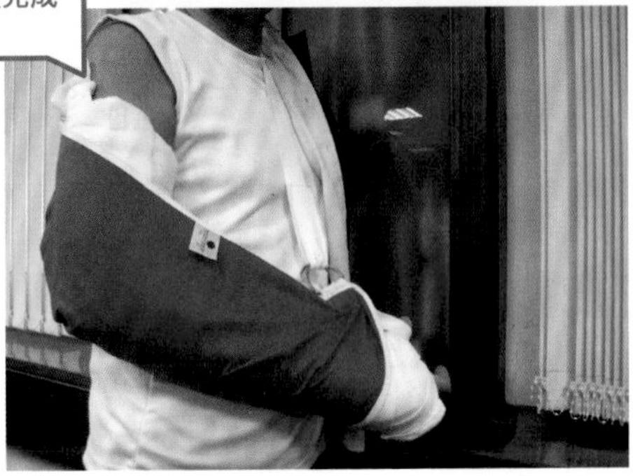

野戰支架

有人摔斷手當然也有人摔斷腿。本來要在第2424次舉辦的跑馬古道特跑，由於不可告人的原因延後了一個星期，在2019年6月15日的第2425次才舉行。是福不是禍，是禍躲不過，結果就出事了。平常喜歡找路砍路，活潑好動的Melamine（蘇冠綸），早上陪正副兔去撒麵粉時想要帥過溪，縱身一躍，結果腳滑摔在大石上，跌斷脛骨。由於太過疼痛，山路狹小又顛簸起伏，正副兔子束手無策只好求救。礁溪

義勇消防分隊派來十幾名壯丁，費了九牛二虎之力才把Melamine拖下山，還上了地方新聞。

很少看過Melamine的痛苦表情

想看小護士的苦肉計吧!?

苦中作樂，簽名留念

【山中迷航】

　　被困山上在捷兔界屢見不鮮，遲到、迷路、路線太長都會造成獵狗在天黑前無法趕下山，上山找人每年幾乎都會發生。我第一次跑捷兔時，就有2隻獵狗直到晚上8:30還未歸隊，只得報警處裡。有先見之明如Unchained（劉智燻）及Dragon（龍天池）者，都會隨身攜帶手電筒及其他野外求生物品，權當掃把，把落後的獵狗掃回家，所以他們在天黑前沒回來，沒人會擔心。

　　一般捷兔人在跑步時，通常都不喜攜帶太多贅物，不幸受困只能等待救援。獵狗迷航在全世界捷兔界都不是新聞，馬來西亞就有兔友在找路時迷了路，困在山上5天4夜才被找回來，幾年前去吉隆坡時，就聽他大談他的大難不死事蹟。

第一次上山救人

　　筆者第一次上山救人，是在1993年4月10日台北捷兔的第1058次跑步，由酒仙Air Start（林燦煌）和Bum Fuck（周武俊）在平溪做的路，他們光預先撒麵粉就花了將近5個小時，可能是邊撒、邊喝、邊玩，所以拖到下午3:30才起跑。起跑前兔子Air Start還特別交代路線很長，請腳程慢的要攜帶手電筒，但他總是喝得醉茫茫，兔子的話又是虛虛實實，所以並沒人在意。

　　當天天氣陰霾，時而飄著毛毛細雨，透露著不尋常的氛圍。果不其然，6:30不

到天已全黑，仍有數人未歸。Air Start已迫不及待地霸許喝酒去了，留下Bum Fuck善後，他開車到回程山路口接回一些疲憊的獵狗。我和Blood Sucker（葉步雄）在平溪霸許的小攤囫圇吞了幾顆水餃後，便回到集合點了解狀況，當時尚有2人未歸。

通常找人任務都是由兔子擔當，因為沒人比兔子更熟悉路線，今天的兔子喝茫了，顯然無法執行任務，我即自告奮勇與Blood Sucker、Shit Sandwich（吳竹賀）拿著蒐集來的3支手電筒上山找人。沒多久先碰到只來跑第5次的Ass End（本名何勝利，當時他還沒有兔名，後來因為他總是殿後，所以才被取兔名為Ass End），由於Shit Sandwich肉羹尚未吃飯，所以

由他先帶Ass End回去填飽肚子。我和Blood Sucker繼續前進搜尋，邊走邊吹哨子及喇叭，終於在一處溪邊聽到回音，此時已是晚上10:30，身材高瘦的Roger Rabbit（Bruce Stewart）在遲到、路線長又滑、陰雨又記號不明的情況下被困在溪邊，還受了一點傷。給他飲水和食物補充體力後，帶回到集合點時已將近11:30，此時尚有Merc（林修德）等多人在場等候，不離不棄。

Golden River謝金河落難記

赫赫有名的Golden River（謝金河）也曾馬失前蹄過，常被他在各種場合提及，可見此事對他影響甚鉅，終生難忘。

2006年11月25日是台北捷兔的第1770次特別跑步，由Octopussy（周章榮）及President（黃世瓊）當兔子，設計了A到B路線，主要是串聯桃園大溪打鐵寮附近的幾條古道，當年還沒有GPS記錄路線長度，不過以所費時間估計應該超過15公里以上，不算輕鬆。

當天，3台載滿超過120隻獵狗的遊覽車從台北中山足球場浩浩蕩蕩出發，下午1:30來到了A點的「花開了休閒農場」，整裝後2:00開跑。老謝因為中午有飯局，餐後由司機直接送他到起跑點，3點多才起跑，已足足慢了獵狗群1個多小時。此次路線又是上上下下，翻越幾個山頭，有相當強度的特跑。最快跑到B點香鉞餐廳的雞屎（林福待），就花了2個小時左右，約是平常路線的2倍，最慢的New Paradise（汪明福）回來時已6點多，天色已黑。

約15公里的古道

噹噹時天色已黑

起跑點「花開了休閒農場」

在餐廳噹噹後就地霸許，一陣酒酣耳熱、酒足飯飽後，正當大夥準備上遊覽車回台北時，在旁等候多時的老謝司機才囁囁地說：「我老闆還沒回來。」沒有人知道老謝有來參加特別跑步，司機也沒一起吃飯，只是在終點焦急地等待，眼看大家都要走了才開口求救。雖然大家都已有醉意，還是得打起精神上山找人，最後決定由正副兔子帶著Fire Bird（蕭桃彰）及Buzzard Eagle（林錦言）由B點反向搜尋，Two Hole（孔令偉）因家住桃園，自己開車過來，且他對當地比較熟悉，就由他開車到登山口待命。Octopussy等4人就帶著手電筒上路搜救。

一行人沿路吹著哨子及號角，並大喊「Are You？」摸黑前進，直到隱約聽到

「ON ON」的回音才放下一顆忐忑的心，大家循聲而去，發現了躲在一顆大石頭旁的老謝。

幾個小時沒吃又沒喝，耗掉大量體力的老謝將4人帶去的礦泉水一飲而盡，走回步道口，擠進Two Hole的車回到餐廳時應已近10:00，在餐廳稍作梳洗及用餐後由司機護送回台北，遊覽車在得知人已尋獲時，就已先行離去。

事後根據老謝的描述，起跑後他循著不是很明顯的麵粉記號一路猛追，千山獨行。獨自一人加上有些Check破解後，記號又沒標示清楚，耽誤了不少時間。很快天色就沉下來了，就在尋找一個往白石山岔路口的Check時，他來來回回找不到正確的路，最後押寶一條溪床。當天色越來越黑，情急的老謝跌跌撞撞，最後跌到帽子和眼鏡都不見了，看不到路的老謝不敢再走，只好就近躲在一顆大石頭下避風，忍著蚊蟲的叮咬，等待救援。

等待的時光總是難熬的，尤其是在孤獨、漆黑又寒冷的荒野。約莫過了2、3個世紀之久，老謝隱約聽到熟悉的號角聲響起，由遠而近，他知道救兵來了，沒想到平常覺得吵雜的號角聲，此時聽起來竟然會如此悅耳。

這種天黑後等人找人的戲碼經常上演，對捷兔而言也不是什麼大不了的事，被困山上只要不偏離航道，也就是只要待在有麵粉記號的地方，一定會有人把你帶回家。對於新進人員，我們都會苦口婆心地告誡：只要一段距離沒有看到麵粉，一定要回到最後一次看到麵粉的地方。迷路在不是兔子設計的路徑上很麻煩，有時還得動用到救難人員，來看一下最近發生的迷航案例，可作為教材。

Square迷航記

2018年10月13日台北捷兔的第2390次跑步，兔子是Cylinder（許萬益），從石碇的二格公園起跑。當天天氣陰霾，下著細雨，兔子在雷公埤山的山腰做一個Check，正確的路是後退十幾公尺的一條小徑並登上雷公埤山。此次跑步的路線主要是雷公埤山的稜線步道，經過一座高壓電塔的保線道後下到五郎寮，再從北宜公路回到二格公園。

You Ching尤清（蔡品端）和Square（方清福）是這次事件的主角，他倆晃到Check處，往前尋找麵粉記號未果，又找不回Check的路，最後決定循著登山布條前進，順便探探路，說不定以後可以做路。這是個錯誤的開始，違反捷兔一定要跑在有記號路徑上的守則，雖說捷兔抄捷徑是被允許，但那是在對路況熟悉又有十足把握的情況下才可為之，在不熟悉的山區亂闖相當危險。

他們走的是雷公埤古道，沿路綁有登山布條，沿溪谷下行，兩旁鬱木蒼蒼，草蕨茂盛，布有青苔的古樸石階相當濕滑，沿途可見屯墾遺跡。少有人造訪的雷公埤古道，在翡翠水庫建成淹沒庫區的村莊後就被遺棄了。從沿途修整有序的石階及有應公廟、土地公廟看來，雷公埤古道應是

Square
跑步英姿

早期庫區居民出入的步道。

在Check處往下沒多遠是一處平坦的廢棄墾地，墾地的前方就是雷公埤古道。如果從墾地後方幾被蕨類掩蓋的小徑下來到開闊的路徑之後，回頭要找到不明顯的來時路是非常困難的，尤其是像這樣的陰雨天氣。

尤清和Square沿著古道前進，打的主意是有登山布條一定走得出去，或期待正路會接到古道上來。可惜事與願違，好事並沒有發生。

兩人來到雷公埤古道與車門寮古道的分岔路時，他們選擇右轉走掛滿布條的車門寮古道，渡過淺溪後，緊接著一段陡上坡，經過山上的高壓電塔後，Square從手機的GPS發現方向不對，越走越遠了，因此決定回頭。

兩人往回走後天色漸暗，情況有點不妙，Square腳程較快，決定先走討救兵，與尤清約定以ON ON聲相呼應，沒想到轉了幾個彎後兩人就失聯了。原來是Square下到2條古道的岔路口後往左轉，朝來時路往回走，尤清則往右轉，所以兩人漸行漸遠。等Square發現不對再回頭時，已被尤清超越。

後來尤清在天色全黑前看到五郎寮產業道路上的燈光，爬上產業道路後在最後一刻脫險，Square則繼續奮鬥。小徑逐漸往上，離溪床越來越高，天色漸暗，走在狹窄的山腰小徑更加危險，一不小心便會滑落溪谷。山谷裡手機接收不到訊號，Square意識到事情不大妙，迷失在非兔子設計的路徑上，意謂著要被找到的難度很高。憂慮間手機突然傳來叮咚的訊息通知聲響，剛好來到一處可以收到微弱訊號的地點，Square顧不了捷兔的名聲，馬上撥打119求救。

救難指揮中心指導Square把衛星定位資料傳回後，立即展開救援行動。在此之前，兔子在得知Square被困時，就已派出2組人馬上山搜救，已經回家抱老婆的Wego Shooter張老師得知消息後，也從北投趕回加入搜救行列，經過一番折騰後，終於在晚上11點多將蹲在一棵樹下待援的Square安全救出。

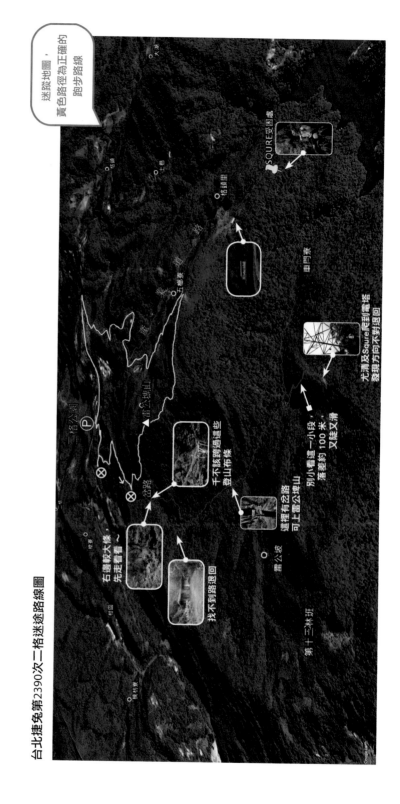

台北捷兔第2390次二格迷途路線圖

迷蹤地圖，黃色路徑經為正確的跑步路線

SQURE受困處

尤清反Squre爬到高塔
發現方向不對退回

別小看這一小段，
落差約100米，
又陡又滑

第十三淋班

雷公埤

還裡有岔路
可上雷公埤山

找不到路退回

千不該跨過這些
登山布條

右邊較大條，
先走看看～

岔路

二格公園

▲雷公崙山

美麗青道路

五楊景

土機

悟道

梧楠里

南門寨

梧頭里

大湖

陳橋寨

梧楠寨

橋頭

屎料未及

比起跑捷兔山中迷航，更令人崩潰的無非是「跌落屎坑」。

這是發生在2021年3月18日BAT Hash第10次跑步的爆笑事件，Midnight Cowboy（王誌偉）以及人稱鬼王清的Claw Hand當兔子，集合點在捷運輕軌淡江大學站旁。開跑沒多久，路線就從淡金公路轉入菜園，在菜園盡頭與竹林交界處，農夫緊挨著排水溝挖了一個堆肥坑，儲滿人畜排洩物及廚餘，用來澆灌菜園。堆肥坑表面覆蓋著一層半固體漂浮物，幾與水泥溝緣同高，很容易忽略它的存在。路線經堆肥坑旁的窄田埂，接上水泥溝渠邊。人稱髒諾漫的Intersex（張勇仁）來到此處為了展現君子風度，讓路給3名緊跟其後的小妮子，雙腳往旁一挪，悲劇就發生了，髒諾漫直接掉入屎坑，幸虧只淹到肚臍，沒有滅頂。

經臉書披露後，各路Kuso（くそ，屎）紛至沓來，果然是第屎次的屎詩級路線，真是屎無前例、屎料未及的屎上最慘事件，幸虧沒淹屎，否則屎不瞑目，「髒」諾漫名符其屎，名留千屎了。

水溝邊
的屎坑

小心通過

爬上屎坑
沖洗乾淨

一番清洗後
仍然氣味難聞

【特殊路線】

跑捷兔三十幾年來，難免會碰到讓人終生難忘的特殊路線，這些經歷不會隨著時間的消逝而被淡忘，反而會因被常常提起而更加印象深刻，撇開一些為特定目的而規劃的特別跑步外，突如其來的意外驚嚇才算特殊。

損失慘重的颱風亂

2007年10月6日，台北捷兔的第1815次跑步，集合地點在陽明山竹子湖的「湖田大樹下餐廳」，兔子是人稱「大砲」的Windex（蘇文德）與Tinker（郭金德），湊巧台灣熊跑山俱樂部當天也選在在同一地點跑步。幾天前，大家就已經在密切關注強烈颱風「柯羅莎」的動向，它從太平洋一路向著台灣直撲而來，祈求不會對跑步活動造成太大影響。

星期五晚上10:30左右，柯羅莎從頭城及三貂角間登陸，星期六早上暴風圈已籠罩台北上空，間歇性的強風暴雨，北市街區已布滿殘枝落葉。台北捷兔幾十年來又不是沒碰過颱風，從來也沒影響這群人的玩興，甚至有些人還興奮異常，摩拳擦掌，躍躍欲試，想跟柯羅莎正面對決。

當年盡忠職守的副會長Mosquito（陳仁浩），一早就開車來到陽明山竹子湖查看狀況。只見已撒好麵粉的2隻兔子，被困在未開門的餐廳外淋雨，餐廳老闆一定認為颱風天不會有人出門跑步，就沒打算營業。沒想到這群瘋子還是打電話把老闆請

上山，兔子才得以進入餐廳躲雨。中午過後獵犬陸續到達，風雨也逐漸增強，不少人被橫躺在路中間的倒樹擋住去路，來電請教有何替代道路可以上山，真是徹底沒救的一群人。

最終，台北捷兔還來了四十幾人，台灣熊也來了20人左右，此時餐廳外已狂風大作，颱風中心漸漸接近台北市。停在餐廳外的車子被風吹得上下左右激烈搖晃，餐廳內的壓克力屋頂也被吹得上下起伏超過30公分，真擔心整片屋頂被風吹走。看情形應該不會再有人上來了，會長決定提前開跑，此時台灣熊已全員撤離，留下台北捷兔孤軍奮戰。

會長Life UK（陳澤淵）一聲令下，只見8隻瘋狗奮力衝出餐廳，其他獵狗則龜縮在室內觀戰。2隻一出餐廳大門就被柯羅莎震懾到，馬上回頭豎白旗投降。其他6人繼續奮戰，此時正是暴風中心最接近台北的時候，處在高處毫無遮擋的竹子湖，風勢更是猛烈。我頂著狂風暴雨，奮力前衝，只聞耳邊蕭蕭的風雨聲，豆大的雨滴橫打在臉上，像被小石頭打到一般痛，樹葉枯枝隨風亂舞，八級強風吹得令人幾乎無法移動。

突然間一陣強風襲來，頂上帽子就隨風而去了。奮戰了將近1分鐘才前進不到20公尺，只好抱住路旁的大樹，整軍再戰。稍一定神，查看一下其他戰友狀況，發現其他3人亦各自抱著樹幹無法推進，不禁莞爾；另外2人想必也戰敗逃回餐廳了。正想再戰時，感覺視線一片模糊，以為眼

鏡被雨水淋濕，正想取下擦拭乾淨，才驚覺眼鏡也早已不知去向，想必已隨著帽子被吹到台灣海峽去了，才剛花2萬元新配的超輕眼鏡，被柯羅莎沒收了！

與柯羅莎的戰役注定要戰敗了，不過既已經宣戰，至少也要繞餐廳一圈才甘心，怎奈只要放開抱著樹幹的雙手就無法站立，剩下的幾人最後也狼狽地退回餐廳，結束台北捷兔有史以來最短的跑步記錄——歷時3分鐘。噹噹時僅剩不到30人，由於已將老闆請上山，最後由兔子Windex買單開了2桌，招待留下來相挺到底、有情有義的十幾名兔友，3:30左右就結束這次終生難忘的颱風亂。

本以為我是損失最大的風災受害者，怎知隔週聽到更令人同情的消息，Ichiban（賴麒麟）開著那台Volvo愛車，因回家的路積水過深無法通過，另一條從仰德大道下山的路也被一棵傾倒大樹擋住去路，進退維谷。其他替代道路又得翻山越嶺到

室外狂風暴雨，室內噹噹霸許

天涯海角，路況又不明，只好冒險涉水而過。結果發生了悲劇，引擎進水一直無法修好，最後花了將近30萬更換引擎，真是損失慘重的颱風亂。

竹子湖的氣象觀測記錄，下午2、3點間正是風力最強之時

颱風編號：200715柯羅莎（KROSA）
竹子湖觀測站

柯羅莎颱風（KROSA）
行進路線圖

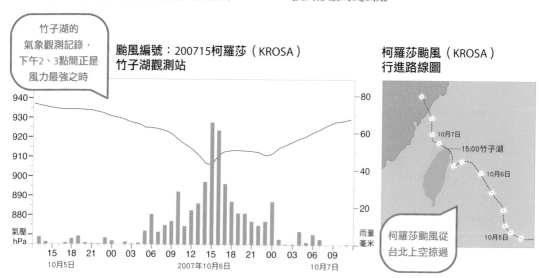

柯羅莎颱風從台北上空掠過

火車讓路

聽過火車停下來，讓人先通過的事嗎？台北捷兔辦到了。

第一次當兔子的Hard Fuck（林進安），興沖沖地想帶大家去拜訪他在瑞芳猴硐的老家。Hard Fuck老家在猴硐往三貂嶺鐵路旁的半山腰上，唯一出入的道路是鐵路旁的一條小路。平溪線拓寬成兩線道時，出入老家的小路被鐵路局徵收去鋪設第二條鐵軌，走鐵路是他們回老家的唯一方式。老家沒人住後，通往山上的路就逐漸荒廢了。

2015年7月18日台北捷兔的第2221次跑步，Hard Fuck為了他的處女作，特別把小時候上下山的路「砍」了回來，聽說花了7、8天才搞定。跑步當日天氣晴朗，起跑點在猴硐活動中心，開跑後先在附近繞了一下，就沿著鐵路往三貂嶺方向前進。

在平溪線還沒成為熱門觀光地區之前，猴硐車站假日通常只有小貓兩三隻，捷兔時常跑在平溪線鐵道上，甚至跑過鐵橋及隧道，火車來了就身體緊貼山壁讓火車先過。從猴硐沿著鐵道邊跑到三貂嶺也

不下數次，所以大家也沒太在意。可是這次奇蹟發生了，一列火車的司機看到很多人跑在鐵路旁，還跨越鐵道，也許怕發生意外，竟然停車讓我們先過，讓人有點受寵若驚，可事實並非如此，司機報案了！鐵路警察循線找到集合處了解狀況，兔子解釋說：「我家就在山上，我帶朋友去我家看看，不走鐵道我怎麼回去？」警察沒轍只好說：「以後若有類似情況，麻煩你先報備一下，好幫你們指揮交通。」台灣警察就是這麼通情達理。

火車停車讓路

不走鐵路怎麼回家？

回老家唯一的道路

跑在鐵路旁

台北捷兔第2221次跑步路線圖

此次跑步的山區大部分屬於兔子家族所擁有，占地約26甲，對台灣「甲」沒概念的讀者，幫你換算一下，約七萬六千多坪，三十幾個足球場大。

與雷雨胞的對決

Hard Fuck往後又在猴硐做了幾次路，除了第一次擋火車招致警察關切外，其他幾次不是凄風苦雨、碰到颱風，要不就得上山找人，狀況連連，果真路如其兔名「硬幹」，其中最為驚險的非第2374次的跑步莫屬。

2018年6月23日下午在猴硐活動中心集合時，陰霾的天空就已醞釀著山雨欲來之勢，眾人已有落湯雞的心理準備，有被虐狂的兔友甚至興奮莫名地期待在雨中狂奔。下午2:15兔子出發前就已下過一陣大雨，之後雨勢稍歇，起跑後沒多久又開始下起雨來了，而且越下越大，還夾雜著遠處傳來的隆隆雷聲。

跑經一條久無人跡的古道後，接上了淡蘭古道其中一段的金字碑古道。此時大雨已傾洩而下，落雷越來越近且更加密集，根據閃光與雷聲的間距推估，落雷處僅2、3公里遠而已。沿著金字碑古道石階往上跑時，很多獵狗已投降往回走，包括很少半途而廢的Golden River（謝金河），他說身上帶有手機怕招雷劈。然而一些自認「平常不做虧心事，下午

> 兔子起跑前已下過一陣雨

> 土地公保佑不要被雷打到

> 雨勢稍歇，拍張團體照吧！

> 金字碑古道鞍部上的「奉憲示禁碑」

踏上鞍部時，
個個都已成落湯雞

往前就是三貂大崙
的稜線，沒退路了

不怕雷公打」的捷兔鐵漢，則繼續頂著雷雨，往前挺進。

到達立有「奉憲示禁碑」的鞍部後，右轉往三貂大崙的稜線繼續推進，整條稜線是方圓幾公里內的最高處，是雷公電母的最愛。轟隆的雷聲更加密集，此時從看到閃電到聽到雷聲已經不到3秒鐘，落雷已逼近到1公里以內，隨時都有可能被雷公招去當女婿。

跑在稜線上時，大家低頭彎腰快速前進，深怕自己成為雷公的選婿目標。這條約1公里長的稜線無任何岔路，除了硬著頭皮繼續往前衝外，別無退路。

幾次看到閃電就馬上聽到雷聲後，感覺雷公已逼近，雖說捷兔人並非貪生怕死之輩，覺得還是暫避一下風頭比較好。於是包括筆者在內的幾個人，就蜷縮在一處地勢較低的石壁邊等待雷公過境。只蹲了一下，Tinker（郭金德）就起身說：「蹲在這裡沒被雷打死也會冷死。」就起身冒險離去，其他人躲了一陣，感覺雷聲沒那麼密集後也起身往前衝。

跑過最高處的三貂大崙後開始下坡，此時突然從後面傳來霹靂一聲巨響，伴隨著強烈閃光，回頭一望，暴雷似乎劈在剛剛經過的三角點附近。此嚇非同小可，大家拚老命往下衝，越往低處越安全，一直到衝到侯牡公路才放下心來，所幸全員平安歸來，無人遭受雷劈，又一次冒死跑捷兔。

回家查看氣象資料，當天下午3點多雷雨胞正好在三貂大崙上方，瑞芳山區時雨量120毫米。

台北捷兔第2374次跑步路線圖

崩落的老鷹石

讀者不知是否還記得發生在2013年8月底，八斗子碧砂漁港台2線道旁，山頂巨石崩落，差點砸到一部白色小汽車的驚險事件？那顆矗立在碧砂漁港旁山上的巨型鷹狀大石，據考證是人工堆疊上去，再雕琢成老鷹形狀的，所以被稱為「老鷹石」。老鷹石以前是作為原住民捕魚返航時辨識位置的標誌，功能類似燈塔。可惜因長年風化及颱風雨水的侵蝕，導致地基鬆動，終致崩塌。當年並無明顯路跡可達老鷹石，台北捷兔曾在2008年5月17日的第1847次跑步時造訪過，並留下遺照。該次崩塌只是頭部掉落，為安全起見，其他部分經基隆市政府拆解排除，台2線也因此封閉了12天。

老鷹石遺照
（Racket李圳堯提供，
攝於2008/5/17）

台北捷兔第1847次跑步路線圖（老鷹石）

老鷹石 ⇨

碧砂漁港

【番外篇 試用未完工的 交通設施】

捷兔跑捷運

台北捷兔以前有一個在捷運局當工地主任的兔友，兔名叫Concrete Erection的張裕埔，Concrete Erection因為喜歡乾金門高粱，不幸罹患了喉癌，最後在離他信仰的上帝最接近的飛機上蒙主寵召，安息主懷。

在捷運新店線尚未完工前，他做了一條跑在捷運隧道內的路，那次跑步由於我出國而沒能享受到，相當扼腕，以下的內容是根據週報報導及訪談曾經參與的兔友所做的回顧。

話說1997年12月22日聖誕節前夕，台北捷兔的1304次跑步，尚未完工的新店捷運站外，掛著一個寫著「台北捷兔」（非台北捷「運」）的大型指示看板，魚目混珠地指引捷兔的車子進入地下停車場，順便測試停車場出入動線及停車位有無缺失。

起跑前，兔子特別交代地下隧道尚未完工，布滿灰塵，慢走勿奔跑，腳癢的獵狗哪裡忍得住，沒多久就紛紛跑了起來。沿著未通電的地下捷運軌道跑了約1公里後，就從新店市公所站鑽出地面，跑往碧潭附近山區，是一次難得的跑步經驗，但已無法再現。

捷兔跑國道

台北捷兔經常「試用」未完工的交通設施，國道三號最北段尚未通車前，台北捷兔在國道三號起點的高架道下方集合，在瑪東系統交流道附近的山上跑來竄去，最後從後來山體滑坡那座小山頭，跑下即將完工的國道三號高速公路。

往北跑了500、600公尺後，獵狗們進入基隆隧道，漆黑的弧形隧道看不到盡頭，完全不知道有多長，只靠著放在地上每十幾公尺一盞的日光燈照明，悶著頭拚命往前跑，感覺沒完沒了。跑了將近10分鐘，終於看到隧道盡頭傳來一道亮光，才鬆了一口氣。

出隧道後，下基金交流道就回到終點。基隆隧道全長1445公尺，慢慢跑要十幾分鐘才能通過。

2010年4月間，看到電視新聞播出國道三號走山事件時，第一反應就是那個山頭我們曾經跑過，阿彌陀佛！不要怪是我們踩崩的，都已經過十幾年了。

捷兔爬鐵梯

有一次從大直橋上，攀爬約3層樓高的施工鐵梯下到基隆河邊，也是一次令人印象深刻的經驗。有懼高症的兔友無不戰戰兢兢，緊抓鐵梯，深怕一個不小心就掉落河床。

好不容易下到正在興建中的大佳河濱公園時，必須與推土機、挖土機爭道，到處都是泥濘，當時根本不知道是在興建公園，以為是在整治基隆河。

【酒醉趣事】

既然號稱是喝酒團體，捷兔的酒醉荒唐事蹟及趣聞三天三夜都說不完，分享幾則與讀者同樂。下述事件大部分是發生在還沒實施酒測之前，當時酒後開車，甚至邊喝邊開，和在飛機上抽菸一樣正常，讀者千萬不要用現代人的道德及法律標準衡量古代人。

茫到驚動警察

「酒後開車，路會變寬」是酒鬼的玩笑話，當年的酒駕行徑，如今想起還是餘悸猶存，沒出事實屬萬幸，不值得鼓勵。酒醒後在大街小巷到處找車，在捷兔界不是新聞。也有人找到車後，怎麼也想不起怎麼把車開回家的。有個兔友回憶說，他找到車子時，很佩服自己可以把車子整整齊齊地停在白色方格內——機車待轉區的方格。最離奇的是有一位兔友找到車時，引擎竟然還在發動，停好車就直接走人，當自己坐計程車回家。

一件發生在上世紀末的陳年往事，堪稱酒醉糗事的經典。由Penniless（Nick Mayo）主辦的Down Island特跑南下墾丁舉行，跑步終點設在海灘辦桌霸許。啤酒伴著星空，一群狂歡作樂到半夜的酒鬼，依依不捨地搭乘接駁巴士，回到打地鋪的學校教室休息或續喝。

一位拾荒老婦撿拾完遺留海灘的瓶瓶罐罐後，在昏暗的沙灘草皮邊坡，發現一具疑似被海浪沖上岸的屍體，嚇得飛奔派出所報案。警員到達案發現場，才知是一名醉到不醒人事的醉漢，只好拖回派出所處理。第二天早上，這位後來創立台灣熊跑山俱樂部的野人Wild Man，氣噗噗地回到眾人打地鋪的學校，大罵為何他喝醉了都沒人理他，害他在派出所過夜，但沒人知道他跑去海灘邊睡覺。說到在派出所過夜，人稱松山高的Smuggler也是派出所常客，他經常醉倒路邊而被送到派出所，轄區警員沒人不認識他。後來因身體出了狀況，醫生吊銷他的酒牌後才沒再發生。

另一件酒醉糗事也令人噴飯，一位兔名「陽痿」的楊某人，某天跑完台北捷兔後，搭兔友便車回到台北。因為實在喝多了，想藉走路回家醒酒，孰知醉到搞不清東西南北，朝著相反方向的全聯福利中心走去，當他不勝酒力地醉坐在全聯門口台階時，發現自己不知何時已跌倒受傷，鮮血直流。楊某人醉醺醺地打電話向老婆求救，又說不清楚自己身在何方，哀怨人妻靠手機定位找到楊某人時，警察已先到一步。原來警察接到報案說有人在路邊露鳥，一名只披一條大毛巾的醉漢，雙腿開開地坐在台階上露鳥嚇人。警察懷疑楊某人是否有智力方面的問題，經老婆解釋後，才讓她將楊某人帶回家處理，免以妨害風化移送法辦，事後楊某下巴縫了3針。

圖方便酒駕，損失慘重

火鳥Fire Bird在還沒和大樹Big Tree創立新北捷兔之前，有次台北捷運兔在松山林口夜市跑步，霸許後火鳥已有些許醉

意，騎機車回桃園顯然不切實際，就決定到200米外的Jam Rag（Diva Lin）家打地鋪。火鳥貪圖方便，就用機車載Turkey Fuckel（又稱Cunt of the Litter）及Jam Rag回家，沒料到才短短100、200公尺的路程竟會碰到巡邏警察。不用說下場淒慘，火鳥除了收到3萬元的酒駕罰單外，機車也被查扣，外加吊銷駕照1年。這個經驗告訴我們，酒後到朋友家打地鋪成本很高，不如住飯店還比較划算。

捷兔界酒駕被罰款吊照的不在少數，大都咎由自取，且一犯再犯，不值得同情。但有一個被罰得比較冤枉的，就是那個白鬍子老頭You Ching（尤清）。

吃完趕快
上路收罰單

為了響應節能減碳，近幾年我都搭尤清便車。2019年9月15日，台北捷兔在南港山豬窟垃圾掩埋場的山水綠生態公園舉辦第2438次的中秋家庭跑步。我不在國內，尤清單刀赴會。平時不大喝酒的他，可能因為家庭跑步吃了一些好料理，就灌了一瓶啤酒解渴助興。為了趕赴高中同學會，喝完沒參加嚙嚙就開車回家，沒想到剛上路沒多遠，就在南深路上碰到守株待兔的酒測臨檢。毫無酒測經驗的他乖乖遵照警察指示，一吹就超過標準值，除了收到3萬元罰款外，外加吊照2年。

說他冤枉是因為他不知自己應有權益，根據警政署交通組表示，警察在執行酒測時，要先詢問酒後開車的駕駛人喝完酒多久了，如果喝酒已經超過15分鐘，即刻進行酒測；若未超過15分鐘，需讓民眾休息滿15分鐘後再行測試，休息期間駕駛人也可向執法警員要求喝水。以尤清的情況，他酒測值在標準值下限，若休息十幾分鐘再漱漱口，應可逃過一劫。可惜他沒貴人筆者我在旁指點迷津，劫數難逃。吊照後，尤清索性把那台陪伴他20年的愛車報廢。

身材決定
醉後姿勢

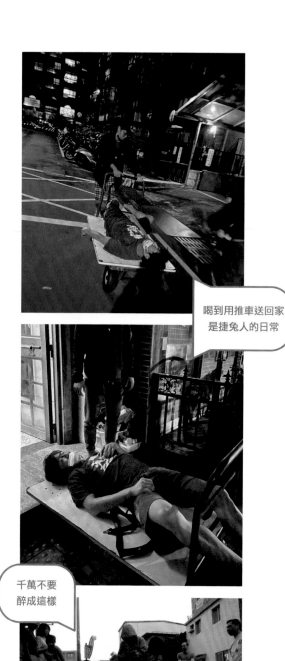

喝到用推車送回家
是捷兔人的日常

千萬不要
醉成這樣

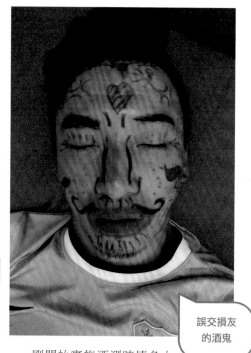

誤交損友
的酒鬼

　　剛開始實施酒測時捷兔人很不習慣，時常和警察玩捉迷藏，被抓罰款甚至吊銷駕照的時有所聞。隨著罰金越來越高，同時也意識到酒駕除了置自己於險境外，也會危害到他人生命安全，所以現在參加霸許的兔友都會共乘，輪值當司機的就不喝酒，以策安全。

【幹些無傷大雅的小壞事】

　　捷兔宗旨的最後一條是「說服老會員不要感覺自己已老」，為了遵照宗旨行事，捷兔常會幹些只有小屁孩才會幹的調皮搗蛋事情，尤其表現在兔子路線的安排上。以下所述不限於台北捷兔，小壞事全世界所有捷兔團體都常幹。

無害通過遊樂區

　　兔子被獵狗追捕時，為了逃命到處亂竄是本能，有洞就鑽，所以常常不小心鑽進收費遊樂區。兔子總能從人跡罕至的圍籬邊找到破洞鑽入，再從大門跑出，留下一臉錯愕的收票員（先聲明，捷兔不會搞破壞，所有的圍籬缺口都是原本就存在的）。某年在十分瀑布還被私人占有，收門票經營時，兔子找到一條從偏僻處進入園區的小徑，飽覽瀑布美景後再從大門跑出來，後來收票員發現情況有異，攔住幾條老殘獵狗要求補票，眾人雙手一攤，身無分文，收費員也沒轍，只好任其離去。

　　被捷兔無害通過的遊樂區很多，例如停業已久的野人谷遊樂區及大板根、東眼山、滿月圓等森林遊樂區等，舉凡園區太大無法全用圍牆圍住的，捷兔都借路過，不是故意逃票，兔子為了路線的串接，不得已而為之。進森林遊樂區的捷徑登山界也都知曉，目的和捷兔一樣，不是進去遊樂，只是過路。除了遊樂區外，一些山邊大型社區的警衛，三不五時也會發現一群身著運動衣褲、全身髒兮兮的野人從社區大門跑出去，社區後方分明是陡峭又雜亂的山坡，不知這些人從何而來？

　　夜跑的台北捷運兔曾經從一個小型社區後山的陡峭山坡滑下，從社區前門跑出來，引起社區內一個歐巴桑的抗議，並找來警察關切。找警察算是比較文明的，有一次在木柵山邊，也是晚上的捷運兔，一群人正從山上要跑到下方的民宅邊時，

突然有人轉回頭說：「不要下去，快改道。」原來民宅主人拿刀出來要砍人，怒吼著說吵到他睡覺，明明才9點不到，恐怕是打擾到他辦事吧!?

從農田菜園到市區商圈，都在捷兔的跑步範圍內

　　捷兔常常跑經農地，無論稻田、筊白筍田、果園、菜園、苗圃以及竹林等都常經過，大部分的農民都相當友善，有時還會打招呼喊加油；也曾碰過拿鋤頭趕人的農夫，說踩壞他的田埂，遇此狀況只能拚命說抱歉，兔子做路時宜多加考慮。有一次跑經內湖山上一處菜園，主人聽到人聲沸騰而出外察看，我們連忙說不好意思，借過一下，她竟說：「不會！不會！人多財旺，歡迎下次再來。」這是我碰過最溫馨的農民，感激涕零啊！

　　高速公路或快速道路的邊道也常遭捷兔入侵，通常高速公路周邊都有鐵絲網隔離，防止野生動物或流浪貓狗闖入，影響交通安全；但總是會有盜墾者剪開圍籬，入內種植農作物，兔子就會利用這些破洞鑽入鑽出，兔子沒有破壞力，只是為了逃避獵狗追殺。

　　市區跑步也很精彩，捷兔曾跑過信義計畫區的天橋、威秀影城、台北101、各處地下街及繁華夜市。五分埔商圈的全盛時期，在擁擠的購衣人潮間穿梭也是難得的經驗。市區跑步大部分是夜間捷兔團體的傑作，白天捷兔很少做市區跑步，除非除夕、紅洋裝或結婚跑步等特殊情況。跑

鑽狗洞

鑽過
圍籬缺口

經華西街及林森北路幾條通時，特殊行業女郎站在門口喊加油也很有趣，有一次還跑過林森北路晶華飯店的精品店街，被飯店人員阻擋，殿後沒跟上的獵狗只好繞道而行。

【找路的樂趣】

有位第一次跑捷兔的新人問我一個問題：「你們的路是怎麼找出來的？」這是個大哉問！不知是被兔子繞來繞去的路線折服，還是已經準備好當兔子。總之，這是一個很難回答的問題，每人做路的風格各異，常登山的人會利用平時爬過的郊山，挑選適合捷兔跑步的路線分享給兔友；有人會利用地利之便，在住家附近公園巷弄或戲稱夜總會的公墓做路；有人喜歡開疆闢土，專找平時少人會去的地方，從中找尋樂趣，滿足成就感，吾屬此類。

要深入認識一個地方，最好的方法就是當兔子找路去。跑了三十幾年捷兔，找了三十幾年的路，見證了台灣的建設發展過程，也體驗發展過程中無法避免對環境的破壞。剛跑捷兔時，山區的產業道路多

屬泥土碎石路面，很容易串成一條跑起來舒暢無比的捷兔路線，如今在大台北地區，無論多偏遠的山區，已經很難找到沒鋪設柏油的產業道路了，捷兔跑柏油路太多一律會被扣分，尤其在夏天的豔陽下。

物換星移

在台灣錢淹腳目的年代，許多農田、果園、竹林等都被農民棄耕，轉而從事其他更容易賺錢的行業；台灣經濟成長趨緩後，農民紛紛回巢重操舊業，在此舉兩個我找路時，常去且印象比較深刻的地方。

常爬郊山的人，對位於深坑砲子崙及阿柔洋之間的「林家草厝」想必都相當熟

這條通往林家草厝的路，1990年代兩旁的芒草比人還高

悉，附近的幾處梯田，在1990年代大部分都長滿芒草，沒人耕作。此處是我初出江湖混跡的地方，第一次跑步在這一帶，第一次做兔子也在這一帶，找路時常經過，從來不知道走過多次的小路竟是梯田的田埂。轉移陣地多年後，有次台北捷兔再次跑過，令人訝異的是芒草已不知所蹤，美麗的田園風光重現，農民回來了。

另一例子是位於木柵世界山莊到崇德街間的土地公嶺古道，這條被規劃入台北南縱走路線中一小段的古道，20、30年前中正嶺後方古道兩旁的竹林都沒人整理，包括拳山古道旁的一大片竹林皆任其荒廢，雜草叢生，枯竹橫梗，不易穿越。後來棄農從工的筍農也回

林家草厝

美麗的梯田回來了（林家草厝旁）

以往土地公嶺古道及拳山古道附近的竹林

今日的竹林

來了，原本雜亂的竹林變得鬱鬱蔥蔥，經過適當修剪翻土的竹叢，跑起來更加令人愉悅。筍農回來後，卻也因此常造成找路兔崽子的困擾，我們常因手拿砍刀、背著背包，在竹林裡鑽來鑽去找路而被當成偷筍賊，碰到筍農都得費盡唇舌解釋一番。

許多福利只有找路才能享受，例如與野生動物的邂逅，平時跟著大群獵狗跑的人無福消受。野生動物通常在大隊人馬來到之前，便已逃之夭夭。找路時碰到過的野生動物，除了常見的各種蛇、蜂、蛙類外，無害的山羌、藍腹鷴、台灣獼猴等也常偶遇，有兔友找路時碰到過山豬，我倒無此經驗。可能是找路地點改變的關係，以前常被突如其來的振翅聲驚嚇到的野雞群，近年反而比較少碰到。過去只在山區才能看到的松鼠，現在都移居到市區公園了，找路三十多年來，也見證台灣動物保育觀念的進步。

九份金瓜石的探索

年輕時找路都是憑感覺亂闖，市售地圖對於捷兔找路無濟於事，後來為了提高效率，就向林務局購買空照圖參考。拜科技之賜，現在找路更方便，很多管道可以取得解析度很高的衛星照，還可歷史回溯，對於還原曾經存在過的路徑幫助很大，有GPS的輔助更是事半功倍。

初當兔子那幾年都是自己一個人獨闖山林找路，怡然自得，自由自在。後來覺得不妥，萬一發生意外，在無手機的時代，真會叫天不應叫地不靈。從1990年代

空照圖

後期，我就常和Michael Jackson（林火旺）一起找路。

當兔子的人都有一種心態，就是找一條捷兔從沒跑過的路，滿足被讚美的虛榮心。九份、金瓜石還未成為觀光區之前，捷兔很少造訪，九份是Michael Jackson小時候成長的地方，所以我們就常去那一帶亂闖找路。九份以前很破舊沒落，在電影《無言的山丘》上映後才慢慢熱門起來，恢復淘金時代的蓬勃生氣，隨著一些藝術家的進駐，也起了推波助瀾的效果。

我們初次在九份找路時，當時有名的太子賓館仍是一片廢墟，斷壁殘垣，黃金神社及參道石階已被芒草吞沒，黃金博物館旁的「本山五坑」還可溜進去探險，坑道前一直延伸到勸濟堂後方的運石軌道也是長滿雜草。金瓜石旁的山頭都是光禿禿的裸岩，似乎還殘留著火藥的痕跡，如今都已長滿綠色植被了。從勸濟堂上茶壺山的之字形道路還沒鋪上柏油，跑起來痛快

愛玩客節目拍攝
（照片由Lucy Lee
提供）

【捷兔路線完整探查紀實汐止祕境白匏湖】

2010年之前，每次開車經過國道三號新台五路交流道旁時，都會不由自主地望向南面那一大片草原，總希望有天能上去跑一下，當時雖然不知道那片草原做何用途，但能把一個山頭鏟得那麼平整，想必有點來歷。近年來因高速公路邊坡的樹木已長高，從高速公路上已不容易看到那片草原了。

2011年秋，忙完台北捷兔第2000次跑步的活動後，經過幾個月的休養生息，捷兔魂又上身了，決定來研究一下那片大草原的來歷。經過一番探索才搞清楚，被谷歌地圖標示為「台北第二監獄」的那片草地，實際是「法務部矯正署臺北女子看守所」預定地，已經整地完成，因為法務部立場反覆不定，浪費一堆錢後就棄之不理，被監察院提出糾正過，近期當地居民透過民意代表爭取改為棒壘球場或練習場，可見覬覦者眾。

場地既然閒置，不如讓捷兔先來亂跑也算物盡其用，該地最終會成為監獄、改成棒球場或用作他途，尚在未定之天，現暫以「監獄」稱之。

從衛星影像可以看出這個監獄的規模，近乎正方形的基地邊長就有250公尺，將近10個足球場大，包括周邊腹地將近20公頃，相當誘人。監獄北側靠高速公

舒暢，這一切都只能在《無言的山丘》電影裡緬懷了。

除了2016年應三立電視台《愛玩客》節目之邀，臨時做一條從九份國小到雞籠山頂供節目拍攝外，我已很久沒在九份金瓜石一帶做路了，但Michael Jackson（林火旺）仍是九份之王，還在家鄉闖蕩。

白匏湖（2010）

白匏湖

橫科彈藥庫

監獄預定地

國　道　三　號

五　路　出　口

新　台　五　路

五　路

2010年監獄預定地
已整地完成

路邊有一條唯一的聯外道路，連接到國道三號下的新台五路。監獄的東邊有一條小徑，從新台五路通到一個約碧湖一半大小的湖邊，此湖即是「白匏湖」。小徑旁靠監獄側還羅列著幾個小水塘，小徑的另外一側是一座小山丘，山上有2座高壓電塔。小山丘從白匏湖一路延伸到國道三號新台五路出口旁，成為監獄的一道天然屏障，小山的另外一側則是汐止光復街7巷，從鐵路旁蜿蜒進入。

目標鎖定白匏湖周邊

初步紙上作業評估完成，此區作為捷兔跑步路線的可行性相當高，這一帶又是捷兔的處女地，就準備開始行動。沒想到開車繞了此區一圈並試圖進入，才知道為何這裡離市區這麼近卻從沒跑過的原因。原來這片位於南港汐止交界的區域都屬國

有地，大部分是歸屬軍方的管制區。這裡發生很多故事，我也是因為要做路，蒐集資料過程中才得知，也算是中了捷兔病毒的副作用之一吧！

「白匏湖」從清末一直到日治時期，都是汐止的一個庄名，並非真正有湖存在。台灣以「湖」為地名的通常是指山谷間的低地，白匏湖真正有湖的形成是因為國道三號施工期間，棄置廢土所造成的堰塞湖。坊間有謂白匏湖是由於山體滑坡或坍方所造成的，應屬訛傳。堰塞湖很自然地把「白匏湖」從「地名」轉變為「湖名」。其他幾個小湖泊的形成也是相同原因，堆置的廢土阻擋了自然河道水流，淤塞而成。

與監獄預定地隔著一座小山的光復街7巷，是一條緊挨著鐵路旁的小巷，從複雜的國道三號新台五路出口下方，延伸進入

山區。1980到1990年代間，從花東縱谷北上討生活的阿美族人，利用建築廢材，在光復街7巷底的谷地搭建起沒水沒電的簡陋住所，與附近東方科學園區的現代化高樓形成強烈對比；全盛時期這裡聚集了兩百多戶，約六百多人，他們把此處沒門牌的聚落稱之為「花東新村」。

廖學廣擔任汐止鎮長期間，因為鎮長稅問題與三重幫的林榮三產生齟齬，憤而將白匏湖附近林榮三所擁有的土地，也就是花東新村所在的山谷劃為垃圾場，堆放汐止鎮的垃圾，使得花東新村的環境更加惡劣。1990年政府將此地撥給台灣高鐵作為調車場用地，花東新村的違建戶因此被迫遷至臨時安置所，垃圾也被清空，後來高鐵調車場也改到南港展覽館附近，此地閒置至今。

開始找路時，我把重點放在白匏湖，

預計的跑步範圍包括附近的監獄及前花東新村等地。2011年8月初展開行動，就開車前往最有可能的入口──橫科路一探究竟，當行車到橫科路底正要轉進鄉間小路時，被拒馬擋住了去路，衛兵荷槍立於路旁崗哨，原來自此開始一直到白匏湖間的廣大區域，就是隱藏於山區的橫科彈藥庫。此彈藥庫在2006年5月間曾發生過一次大爆炸，造成附近居民的恐慌，紛紛要求搬遷，由於還在搬遷中，想從此處進白匏湖顯然行不通。

橫科路底進入彈藥庫區的崗哨已撤離

白匏湖（2000）

白匏湖　橫科彈藥庫

N

施工中的監獄預定地

垃圾掩埋場

花東新村

國道三號

3

5

2000年監獄正施工中，從白匏湖到新台五路旁的道路，原來的V型山谷已成U型

新台五路旁的監獄引道入口，被鐵網門攔住去路

不得其門而入後，轉移目標到第二監獄，未料到了新台五路旁的監獄引道入口處時，就被一道鐵網門擋住去路，四周又有高高的鐵絲網圍住，看來想進監獄也不是容易的事。

最後的希望是想辦法從花東新村找路進去。開車到新、舊台五路的交叉處，沿新台五路往北約100公尺處，右邊有條岔路可通往花東新村，進岔路跨越鐵道後，即是光復街7、8巷。這條沿著鐵道邊的小巷子很狹窄，無法會車，順著小巷一路走到國道三號高架道下後，一個U型轉彎，光復街7巷就脫離緊貼的鐵路，轉為順著下寮溪通往山區。

沿溪前行不到1公里，在下寮溪轉彎處，被一道混凝土製紐澤西護欄疊起的高牆擋住去路，車輛只能開到此處。下車翻越一處被推倒的護欄破口，一片開闊的沖積平地映入眼簾，原來這裡就是十幾年前花東新村的舊址，違建雖已拆除搬遷，但

還是很多人溜回來種菜，一畦畦的菜園羅列其間，左右谷地似乎有不少小徑，應該可以做路，擇日再來探勘。

接著轉往兵工廠東側的汐碇路一探，當年的汐碇路靠彈藥庫一側，全部用鐵絲網密密實實地圍著，從汐碇路即可居高臨下俯瞰白匏湖全貌，只是不得其門而入；沒圍鐵絲網的幾處缺口只是通往路旁的農家，或通往高壓電塔的保線道。網路上有登山客貼文，謂在汐碇路3.8K附近的鐵絲網有個缺口，可從此進入白匏湖再原路折返。第一次開車匆匆經過並沒發現，先假設此處有路可通，但捷兔的路不能原路折返，所以要另外再找出一處出口，繞成一圈才行。開車把彈藥庫外圍繞了一圈後已有腹案，待他日實際徒步探查。

第一次實際探勘

幾天後，我邀請Car Park（林西銘）一起前往探路，我們把車停在橫科路底附近，沿著大坑溪旁的橫科路407巷81弄朝著白匏湖方向前進。

經過一座三合院「坐興居」後沒多遠，柏油路盡頭有一鐵柵門擋住去路，柵門後是捷兔最喜歡的泥土路，這種柵門是攔阻車輛的，對行人毫無作用，兩人毫不猶豫地從溪旁閃入，並猜想此溪是否可直通白匏湖。前行不到50公尺，土路右側有一片菜園，進入菜園就望見一條柏油路，靠近一看，一道鐵絲網把菜園與柏油路隔開，想必柏油路應屬彈藥庫範圍，只好退回土路繼續前探。未幾碰到一農舍，順著

農舍前院轉個彎，就通到被鐵絲網隔開的柏油馬路。環顧四周，環境與台北近郊的山區完全不同，靜謐肅然，與外界隔絕，隱藏於彈藥庫內的田園竹林，沒多少人為的破壞，對比近在咫尺市區的喧囂，彷如世外桃源。

左右哨亭各站一個衛兵，「白匏湖」的指示牌是開放後加的

橫科路407巷81弄底，如今柵欄門已被拆掉一片

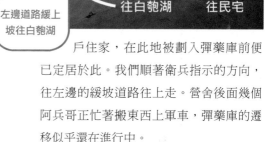

左邊道路緩上坡往白匏湖

往白匏湖　往民宅

兩人興高彩烈地朝著白匏湖方向前進，內心雖然高興，但也懷著一絲忐忑，畢竟我們身處管制區內。走了約莫半公里，未見任何人員車輛，經過一間農舍及軍事庫房後，突然又出現一崗哨，心頭一涼，大概沒戲了。本想撤退，發現衛兵也注意到我們，於是硬著頭皮往前，假裝迷路的登山客問路：

「請問白匏湖是不是往這裡去？」

哨兵點頭，我們不抱期望地再問：

「我們可以進去嗎？」

哨兵竟答：「我去問問班長。」

出乎意料之外的答案，讓我們重燃希望。哨兵從警衛室出來後，給了我們一個令人雀躍的答案：

「麻煩你們留下證件。」

經過檢查哨後，一幢營舍把道路一分為二，營舍前門平坦直行的道路往前有幾戶住家，在此地被劃入彈藥庫前便已定居於此。我們順著衛兵指示的方向，往左邊的緩坡道路往上走。營舍後面幾個阿兵哥正忙著搬東西上軍車，彈藥庫的遷移似乎還在進行中。

順著上坡道路繼續前進，經過幾戶民宅的大轉彎後，朝思暮想的白匏湖倏然映入眼簾。令人訝異的是，湖邊竟然停了幾部機車，湖面東北邊，也就是廢土傾倒側，雜亂地搭了一些釣魚平台，內行釣客早已來此占地盤了。

與當地居民聊天得知，早期彈藥庫管制很嚴格，管制區內居民如有訪客，必須親自到1公里半外的崗哨把人接進來，後來訪客只要在衛哨打電話確認無誤後，即可令訪客自行進入。彈藥庫開始搬遷後管制就更放鬆了，一般民眾只要留下證件即可進入，早知道就不用如此大費周章了。

攝於2011年8月的白
匏湖，除了釣客隨意
搭建的釣魚平台，
沒有其他人工設施，
相當原始自然

聯外道路從湖的西側進入，沿著南岸一路到東南角的潘宅，再往前去又有一戶農家，是道路的終點。屋旁有一高壓電塔，台電的保線道就是從汐碇路3.8K處通到此處，管制期間登山客即藉此路進入白匏湖。

湖的東側無路徑，保持原始雜木林狀態，需要披荊斬棘才能通過。西北邊是一大片建築廢棄物堆積起來的平坦空地。第一次造訪時很訝異為何要把廢棄物傾倒於

此，破壞湖景，後來才弄清楚原來此湖是因為這些廢棄物阻塞溪澗水流才形成的，我搞錯了因果關係。空地旁有一條溢流溝渠，當地居民說湖水來源是湖底湧泉，湖深約20、30米，由於白匏湖所在位置是2條小山溝匯流處，水流被廢土阻擋後水面升高，所以入水口藏在湖底應屬可信，水深20、30米表示廢土也填了同樣高度，有點驚人。

跨過溢流溝渠，一條泥土小徑緊挨著北岸湖邊，很明顯是釣客走出來的路，湖邊有幾處被釣客整理出的釣魚空地，小路延伸約200公尺後就終止了。

溢流溝渠

緊挨著湖
的小徑

釣魚空地

監獄預定地位於白匏湖的西北方，兩人朝著監獄方向前進，這條原本約20米寬、昔日載運廢土卡車進進出出的土路已被芒草占領，只剩中間一條想必也是由釣客走出來的小徑，經過2個小湖時，我們順著似乎有人走過的不明顯痕跡來到小湖邊，可惜除了看到一個被我們驚嚇到的釣客外，並無發現其他路跡。

過了第二個小湖後的路徑就很難辨識了，顯然很少人來到這裡。兩人一直在芒草叢中鑽到監獄車道旁，被鐵絲網擋住去路，才知此路被廢棄原因，原來通到新台五路的廢土路已被鐵絲網截斷。鐵絲網一直圍到監獄旁，我們看著監獄邊築起的工事，馬上就放棄了跑進監獄的想法。鐵絲網後是一道一人深水泥壕溝，壕溝後又是一道鐵絲網，看來想逃獄要比逃兵還困難，雖然那一大片草坪有著無比的吸引力，還是得面對現實放棄，把重點放回白匏湖及彈藥庫。

廢土填起的平地

往監獄　往湖畔

20米寬的廢土卡車道路，只剩不到1米寬

第二次探路

第二次探路是在10天後，我們把車停在汐止光復街7巷底，已規劃為高鐵調車場的「花東新村」舊址。只要想辦法翻過西側這座小山丘即可進入白匏湖，我們在國道三號新台五路出口的高架橋下，發現鐵絲網被剪了一道缺口，這種缺口通常是農民違法開墾菜園的傑作，鑽進鐵絲網後，順著高架橋下往監獄預定地走去，不料竟走到交流道旁的邊溝，順著邊溝走了約100公尺就碰到監獄聯外道路的鐵絲網，顯然只要沿著鐵絲網邊就可以接到上次的探查點。可惜鐵絲網已與灌木叢融為一體，很難順著鐵絲網邊走，不得已只好高繞山坡。

經過一番披荊斬棘和被蜜蜂叮了一包後，我們終於接到上次探勘處，大功告成，並按原路撤回停車處，雖然跑經交流道邊溝冒點風險，但至少篤定可一進一出白匏湖。

退回停車處後，翻越紐澤西護欄堆起的圍牆，進入已被闢為菜園，2條小溪匯流處的「花東新村」舊址。左邊的下寮溪上溯可達汐碇路，下寮溪兩岸原是花東新村居民的聚集地，右邊谷地則是已遷移的垃圾場，順著山谷而下的溪水在此處匯入下寮溪。兩處溪谷都有明顯的小徑，我們選擇右邊先探，當時還不知道這條是廢棄的垃圾車道，兩旁都已被闢為菜園，雖然紐澤西護欄牆上貼著不得進入濫墾的告示，顯然並沒起多大作用。

越往內走，山谷越窄，經過最後一片

白鮑湖探勘路徑

第一次探勘路徑
第二次探勘路徑

菜園後，路徑變得很不明顯，只能順著滿谷的野薑花間似乎有人走過的痕跡繼續往前進，一直到了一片竹林盡頭，此時地形已變得陡峭，再無路跡可循。根據過往的經驗，這種筍農走出的小路僅止於此，只好後撤。

後退沒多遠，GPS顯示我們所在位置距離白匏湖僅不到100公尺，雖然隔著一個山頭，落差似乎不大，儘管沒有路跡，兩人還是想闖闖看能否殺出一條血路，便硬闖過去。靠著GPS的協助，順著山勢劈劈砍砍，跌跌撞撞，終於砍到湖邊的釣客小徑，找路的成就感在此刻得到滿足，雖然滿頭滿臉的蜘蛛網及蕨類孢粉，卻毫無怨悔。隨後前往監獄南側的小山丘繞了一下沒有結果，就順著廢土路再從交流道邊溝回到停車處。

第三次探路

第三次探路同樣把車停在光復街7巷底，並打算以此處為正式跑步的集合點，這次探查目標是沿下寮溪往上游接至汐碇路，再走傳說中的登山路徑進入白匏湖，即可繞成一圈。

兩人沿著下寮溪畔前行，經過幾畦菜園及原花東新村遺址後，溪畔野薑花及不知名小花拱夾著的幽幽小徑，宛如迎賓大道。在熙攘的大都會旁，竟然有此杳無人跡，宛如世外桃源的郊野，我不禁脫口而出：「真是祕境啊！」因此便把此次跑步的路線稱之為「汐止祕境」。

越往上游走，路跡越不明顯，最後終止在一個1米多高的小水壩前，又嚇到一個在壩底垂釣的釣客，以往找路很少碰到釣客，在汐止祕境裡竟然隱藏不少，而且都在很難到達的密林溪邊，顯然釣客尋找祕境功力比我們高強。從旁攀上小水壩後已無路痕，只得溯溪而上，所幸溪水深度只及腳踝，對捷兔而言是小菜一碟，溯水200、300公尺後，發現溪畔有菜園，有菜園一定有路通往外界。上菜園沿著田埂，就接上農家要上汐碇路的泥土路，看到泥土路旁豎立的「交通部高速公路工程局」告示牌才恍然大悟，原來這一帶是高鐵調車場用地。至於「汐止祕境」原是「花東新村」舊址是幾年後才得知。

高鐵調車場用地的告示牌

接上汐碇路後，沿著柏油路往石碇方向走了約莫1公里，很順利地找到傳說中進入白匏湖的登山小徑，從汐碇路到湖邊才三百多公尺就接到彈藥庫內的潘姓農家，也是彈藥庫內柏油路的終點。我們又從尚未探視過的白匏湖東側鑽到湖北邊的釣客小徑終點，這段原始無路跡的雜木林，費了我們九牛二虎之力，才接上上次砍出來的新路，回到停車處。

到目前此為止，不包括經過衛哨的柏

白鷺湖探勘路徑

一條捷兔路線的
完整探查紀錄，
不包括前期評估的
開車路線

油路，已找出3條路徑可以進入白匏湖，捷兔的路線只需一進一出，得放棄其中之一，考慮到安全性及不希望製造太多的麻煩，經交流道旁進監獄的祕徑就只能忍痛放棄了。

最終計畫路線，從已被野薑花海淹沒的垃圾車道出發，再穿越自行砍踏出來的雜木林，接到白匏湖北側的釣客小徑，經西側的掩土壩繞湖半圈，從柏油路盡頭、農舍後的登山路徑上汐碇路，跑一段柏油路後，再溯下寮溪回到集合點。估算了一下距離，總長度還不到5公里，對台北捷兔而言似乎短了一些，而且將近1公里汐碇路的柏油路面有些乏味，於是有了第四次的探路，試圖切掉一些汐碇路的柏油路，增加一些山徑。

第四次探路

第四次探路從白匏湖爬上汐碇路後捨左轉往右，經森林小學、文山茶莊後，再爬上到海拔三百多公尺的白雲寺，繞了一大圈，只要有可能穿越下汐碇路的地方都不放過，然而我們花了5、6個小時卻無功而返。

正式跑步前3天，決定把計畫路線從頭到尾走一遍，途中無意間在汐碇路的一處轉彎處，發現一條不明顯的山路，好奇進入一探究竟，原來有人在內開闢菜園，原以為路徑只到菜園為止，沒想到菜園後小徑竟然繼續順山谷而上，而且新砍路跡歷歷可見，砍落的草葉殘枝尚有氣息，顯然是這一兩天才發生的事。根據GPS軌跡顯示，若順此路徑直上，即可到達白雲寺，莫非有人暗助？

和Car Park兩人順著新劈路徑曲曲折折一路上坡前進，約300、400公尺後，神人暗助的新闢路徑就終止了，應該還沒完工。從地圖上看起來，離白雲寺只有一半路程，讓人大失所望。我們試著尋找其他路徑，發現此處荒廢的山坡有許多人工駁坎，顯然此處曾是墾地，但已被大自然回收，若時間足夠的話應該可以找出路來，可惜離推出作品時間只剩短短2天，力有未逮，再次無功而返。

2011年10月1日台北捷兔第2023次跑步，天空不作美，下著小雨，我們把預定的集合地點從新台五路的高架橋下移到國道三號高架橋下鐵道旁，除了遮雨面積較大外，還可把跑步距離增加來回約1公里，彌補長度不足問題。

正在集合打屁聊天之際，忽聞「起來！不願做奴隸的人們……」的歌聲從鐵路的另外一邊傳來，聞聲望去，鐵路對面有一部插滿五星紅旗的廂型車呼嘯而過，車上的大型擴音喇叭正播放著對岸的國歌，大家才驚覺原來今天是中華人民共和國的國慶日，當年是五星紅旗可以滿街揮舞的年代。起跑前，我順勢開玩笑說：

「今天我們就不扮演獵狗追兔子的遊戲了，大家扮演解放軍進攻國軍彈藥庫，攻入後發現什麼武器彈藥都可搬走，只要不被擊斃即可。」

捷兔遊戲百無禁忌。

【探勘古道路徑卻誤入兵工廠】

當時居住在南港的Begging For Cunt（小賴）要當Metro Hash的兔子時，想來點刺激的，於是他花了時間與當地老一輩的居民聊起中央研究院後頭的古道與祖墳，又因小賴知道我對那區域覬覦已久，就找我一起去探路。以前我住在南港公園附近時，南港公園還是一片沼澤，跑捷兔幾年後，對捷兔從來沒人在中研院到南港公園之間這一大片區域做過路，感到很納悶。此區域在戒嚴時期的紙本地圖上是一片空白，好奇心驅使下，有一次閒來無事，我就從忠孝東路七段山邊民宅附近，想翻越小山丘過去一探究竟，發現山上竟有一堵超過2米的圍牆，上方還架有蛇籠，我才知道沒人在此做路的原因，此區應該是軍事要地。當年資訊不發達，且軍事設施高度機密，不知道原來這片占地185公頃，約7個大安森林公園大的區域就是202兵工廠與後來的國家生技園區。

當兵時我客串過一陣子衛兵司令，知道大營區圍牆的某些隱蔽角落都會有俗稱的狗洞，不守規矩的阿兵哥半夜會藉此洞鑽出營區吃消夜或尋歡作樂。2014年爭議多時的生技園區塵埃落定，202兵工廠釋出約大安森林公園大小的濕地作為國家生技研究園區之用，兵工廠的東北角靠中央研究院處正在大興土木，整地建設如火如荼，我想這或許是一個做路的良機。

路線探勘開始

小賴帶我沿著中央研究院後方土地公廟旁菜園的一條泥土小徑進入山區，小徑經菜園後開始緩上坡，小山坡海拔約只有50公尺，來到最高處就碰到了圍牆。我們走到靠近圍牆數米遠處，看到另一個小徑與被當地居民修整過的蛇籠，小徑盡頭是水泥圍牆及鐵絲網的交界處，猜測這條小徑是居民拜訪祖先墳墓又或是溜出廠區的人走出來的。

營區的鐵絲網

被剪開的狗洞

側身跨入牆內就看到一條挨著牆邊的小路，已被雜草吞噬，有一小段甚至得稍作整理才能通過，可見此處已非要地。對捷兔而言，這樣的路線相對安全，比較不容易被發現。圍牆邊的小路猜測應該是以前上下衛哨及巡邏用的，沿著圍牆前行約半公里，路徑就比較乾淨，很像郊山的登山步道。再往前有一岔路，往左下切至一老舊的土地公廟，本以為這裡是連接到附近居住的小路，沒想到側頭一看，廟旁竟然有著現代化的建築物。直行下到平地處，則看到正在施工中的一堵5米高牆（數年後才了解這竟然是防爆高牆，用以隔開兵工廠及正在興建中的生

技園區），當時興建中的防爆牆還有著出入口，方便施工人員與保全人員及車輛進出，或許是我們兩人的穿著和施工人員沒有兩樣，進出並未遭受任何質疑及阻攔，這個出入口在工程完畢後就封閉了。

確定進入古道的路徑可行後，第二次探路重點就是要找到另一處出口，原本屬意直行至南港車站對面的山坡作為出口，於是我們從靠近忠孝東路七段南港車站的山坡上去，在沒路徑的雜木間又遭遇了圍牆，那裡有幾處高大的樹木，爬上樹可窺視牆內狀況，因而發現圍牆內側亦有一條步道，感覺更像是經常有人行走的登山步道，相當乾淨。我們不敢貿然進入亂晃，而且不確定通往何處，怕被抓去槍斃，就撤退了。

把或許是曾經的巡哨路徑，用腳踩出一條康莊大道

圍牆內的步道

誤闖禁區

第三次探路我們依舊從原來的土地公廟進入小徑散步，試圖尋找靠近北邊南港火車站的小徑出口處，東晃西瞧間突然一部機車朝我們騎過來，看上去似乎是施工人員，也許以為我們是迷路工人，就問我們要去哪裡？我們指著忠孝東路方向答道：

「我們要去南港車站，那裡是否有路可走？」

「大門在那裡！」巡邏員指著中央研究院的方向冷冷地說。

「前面好像有階梯步道，請問可以從那裡出去嗎？」我們試圖打聽一下狀況。

「大門在那裡！」同樣的答案，同樣的冷。

我們不死心繼續提問，得到的都是一樣，我們終於搞明白「大門在那裡」就是「快滾」的意思。鼻子摸著只好放棄原先計畫，雖然沒那麼有趣，但也算達到目的了，後來我們在研究院北面山坡找到另外一條跑回去的路。

2014年4月30日晚台北捷運兔第379次跑步，集合地點在南港車站後方巷子裡的一間小快炒店。8時許，天空下著絲絲小雨，小賴和我提著麵粉出發，先在大街小巷繞了一陣後，如計畫拜訪古道，當我們從高牆的臨時大門跑出時，坐在警衛亭的警衛，看有人從施工中的園區跑出來，倏然站起，攔住我倆去路，驚恐地問：

「你們怎麼進來的？」很怕自己怠忽職守，沒看好大門讓我們偷溜了進去。

「我們跟著登山步道就到這裡了！」

「哪裡有登山步道？」

「前面有石階，一直走就是了！」我指著漆黑的園區遠方，我想警衛應該也從沒去過那地方吧！

「這裡是202兵工廠你們知道嗎？」

「我不知道。」那時我們才了解到似乎誤入了兵工廠而不是生技園區。

「快走！」我催促著還想解釋的小賴，提著麵粉就跑。

沒看清警衛錯愕的表情，心裡想著十幾分鐘後，幾十個戴著頭燈的人從裡面衝出來時，他會如何反應？

數年後隨著生技園區開放，與媒體上揭祕了202兵工廠的內部規劃，才曉得其實那次跑步只是沿著兵工廠內側圍牆邊跑了約半公里而已，沒有真正抵達火藥庫旁，也難怪我們並沒有碰見阿兵哥或是警察伯伯。這一段路隨著生技園區的完工啟用，已被防爆牆完全封住了，倒是北邊劃入生技園區的一段圍牆，已開放給市民作為登山休閒之用，有興趣一窺究竟的讀者可從南港車站前，忠孝東路七段478巷的明聖宮旁步道入口上山，進入圍牆的鐵絲網門後，左轉即可通國家生技研究園區，右邊仍然屬於管制區，不得進入。

進入生技園區的鐵絲網門

圍牆內右⋯屬管制⋯

【極東路線】

近期常與我一起找路的是那個兔名Melamine（沒啦命、美耐皿、三聚氰胺）的蘇冠綸，他是設計組組長，鬼點子特別多，我在2017年228前後，被他設計連當6天兔子，累到差點往生，雖然他比我還辛苦，但看得出來他是樂在其中。Melamine從事食品批發行業，取兔名時，正好是中國三聚氰胺毒奶粉事件鬧得沸沸揚揚之時，很自然地得到這個響叮噹的名字。他很喜歡找路砍路，除了自己當兔子外，也很樂意幫別人操刀，隨摳隨到很貼心，是天然捷兔人。

2003年9月，時常帶隊登山並擔任「週二登山隊」隊長的Racket（李圳堯）和Full Moon（張圓滿）在貢寮的卯澳村當兔子做了一條路，路線大致為福卯古道卯澳段，優美路線令人難以忘懷，一直想找機會再來拜訪，無奈路途遙遠，十幾年來僅止於夢想，並未實際付諸行動。

2018年參加捷兔已滿30載，想做一條比較特別的路來紀念一下，就把念頭動到久未造訪的卯澳漁村，目標設定在福卯古道及捷兔從沒有跑過的三貂角燈塔周圍。

5月初，剛做完Birthday Hash盛情邀約的一甲子生日亂後，要用僅剩1個月的時間搞定6月中旬台北捷兔的路線，有點倉促，況且卯澳對我而言是完全陌生的地方，得先做點功課。幸好拜網路科技發達之賜，秀才不出門能知天下事，兔子不出門能知天下路。

實際探路前先來個紙上探勘

谷歌了一下，發現這塊突出於太平洋的三貂角，被切出一道很不自然的深V缺口——卯澳灣，我非地質學家，沒能力研究科學成因，但從多次的勘查後得到結論是，此V乃上帝的傑作，把三貂岬角分隔成陰陽兩界，神鬼各據一方。東邊山頭乃貢寮第11、12公墓，是眺望龜山島的絕佳風水寶地；西邊極樂世界，靈鷲山無生道場及其他佛道寺廟盤踞其中；卯澳居中，凡人據守。

正對著龜山島的風水寶地

卯澳灣有3條河流注入其中，從西北到東南依序為榕樹溪、豬灶溪及坑內溪，福卯古道南、北兩線分別順著坑內溪及榕樹溪畔而行，中線則順著豬灶溪旁的小山脊稜線，緩緩下到卯澳村。福卯古道是濱海公路未開通前，福隆到卯澳之間的主要越嶺道路；古道從福隆的隆隆溪支流荖寮坑開始，一路緩緩爬升到隆隆山及靈鷲山之

神鬼各據一方
的卯澳灣

間的五叉路口鞍部。五叉路右轉是上隆隆山的登山步道，往左接靈鷲山，繼續直行就是福卯古道的卯澳段，這一段又分為北、中、南線，皆可到達卯澳漁村。

福卯古道卯澳段原主線在豬灶溪旁的稜脊，一直下到卯澳派出所後方。南、北線開通後喧賓奪主，主線逐漸荒廢，消失了蹤影，爾後經卯澳觀光步道規劃單位，委託中華山岳協會的藍天隊重新整理後，才恢復往日風采。2003年Racket做的路線是跑福卯古道的南北兩線，從福連國小出發，由卯澳派出所旁的北線登山口上山，到達五叉路後循南線回到福連國小，

沒經過已荒廢的主線。

2003年從台北到卯澳的交通，無論是走平溪的山線或走濱海公路的海線，都是千里迢迢，開車得花將近2個小時。台2丙線改善工程完工後，大大縮短台北到卯澳的交通時間，減少探路難度。

完成古道南線探勘

紙上作業完畢後，開始行動。2018年5月21日星期一，邀了Melamine及Michael Jackson（林火旺）初次來卯澳探路。開車來到卯澳，未進村落前有2家中油加油站在台2線左右兩邊相對而立，靠海側的加油站旁有一大片空地，沒多考慮就把

卯澳古道

乾涸的豬灶溪
前無去路

車子停在空地上，此時發現對面溪旁有一條明顯的步道，因此打算先從這條步道下手。一進步道，就碰到步道入口旁的民房主人，得知我們來意，很熱心地告訴我們這條步道是真正的古道，其實我們並不在意是不是古道，有路就好。三人順著豬灶溪支流旁的小路往前行，沒多遠路徑就消失了，所幸卯澳三溪的水量都不多，豬灶溪幾乎已成乾溪，可以踩著乾涸溪床的大小石頭前進。約400、500公尺後，地形越發陡峭無法前進，只好折返。

民房主人明確地告知古道是從此進入，不知哪裡走錯了，撤回到接近台2線

時，才發現山坡旁有一條新闢路徑，循跡爬上稜脊，赫然發現古道痕跡，從沿途藍天隊設置的路標得知，此路正是卯澳古道的中線（主線），難怪民房主人一再強調這條才是真正古道。循著古道緩坡到達一岔路，路標指示往右去五叉路，往左即是卯澳古道南線，此次跑步目標是三貂角燈塔附近，所以先選擇南線並順利地回到停車處，完成初步探勘。

卯澳古道
的主線

搞定古道北線，路線已具雛型

距當兔子日期越來越近，想盡快搞定路線，於是在當週的星期五我們又來到卯澳，打算把沒走過的卯澳古道北線巡視一下。北線的出口在卯澳派出所旁的「卯澳北橋」邊，因離都會區太遠，造訪卯澳古道的登山客不多，尤其是北線更冷門，榕樹溪旁的路徑已快被植被淹沒，一開始就得請出砍刀稍作整理。過了路邊的小金斗祠後，瞥見榕樹溪對岸有一條小路，小徑旁樹上繫有布條。捷兔路線的設計和登山客有很大的不同，專挑少人走的路，於是就越過連鞋底都不會沾濕的榕樹溪，過溪後看見幾門墳墓，原來此路是掃墓路徑，研判路徑僅止於此，沒抱太大希望。

找了三十幾年的路，對於山間各種小路也累積了一些經驗，有幾種類似市區無尾巷的路徑很難做成捷兔的路，通常都是為特定目的而開闢的。例如孤懸山頂的高壓電塔保線道、從溪水源頭接水的水管路、終點是瀑布的登山步道等，原路去回不符兔子逃亡思維方式，都得放棄，這種通往孤墳的路徑也是。正想放棄，突然看到墳旁樹上綁著布條，莫非另有乾坤？順著布條鑽進沒路的雜木林後，跟隨著稀疏的布條繼續前進。這片林地的地面幾乎寸草不生，雖無路徑卻處處可通，只要抓對方向且地形不至太陡峭，基本上都可穿越，既然有人走過，就跟隨前人腳步前進，看它通往何方。在樹林裡穿梭了幾百公尺後，竟然接上了上次走過的卯澳古道中線，得來全不費工夫。

看似無路
似有路

到達岔路後，捨上次走的南線，改右轉到五叉路，從北線一路下到步道出口，繞了一小圈，途中還探了北、中線間的一段小路。至此卯澳古道北、中、南線皆已勘過，又多找出一條北、中線間的斜線，路線已具雛型。

由於時間尚早，當天又從古道南線出口進去，在一座小土地公廟附近跨越坑內溪，透過一個年代久遠、指向萊萊山方向的路標，解決了福卯古道經貢寮區第11、12公墓到三貂角燈塔間的路線。

路線延伸至馬崗村的極東點

初步路線規劃為在「卯澳海洋驛站」前廣場集合，從卯澳派出所旁卯澳古道北線的入口進入，棄北線，斜切雜木林接古道中線再轉南線，半途從往萊萊山的登山路徑經公墓到三貂角燈塔，循台2線回到卯澳村。考慮到從三貂角回到卯澳村約有2公里的柏油路，無法對眾人交代，心想既然已經來到三貂角，不如把路線拉到馬崗村的極東點。於是又花了2天時間探查，修改路線接到台灣極東點的礁石邊，然後沿卯澳灣的礁石海岸回到卯澳，避開無聊的濱海公路。一切就緒，就等上菜。

三貂角
燈塔

前方礁石即
台灣極東點

2018年6月16日台北捷兔的第2373次跑步，陰，無雨。找路時，從墓園開始，到三貂角燈塔、馬崗經岩岸回到卯澳村，這一路均無遮蔭，被烈日曬到懷疑人生，生怕挨罵的擔憂一掃而空。當天我便慫恿副兔子Melamine當活兔子，現撒麵粉，我做長路線，他從公墓下切台2線，另做一條不經三貂角燈塔及馬崗村極東點的短路線，以體恤老弱。

撒完麵粉回來後，驚聞多人慘遭蜂螫，災情慘重。找路時我也曾被野蜂叮過，但該路段後來並未採用，就沒在意。眾人跑後才知原來此地蜂窩處處，我甚至把麵粉撒在蜂窩下而不自知。極東路線跑完後，便展開當年群蜂亂舞的序幕，接下來的幾個星期，處處發生蜂襲事件，2018是蜂年，各種蜂類傾巢而出，每個捷兔團體均傳出災情，少能倖免。

卯澳漁村的前世今生

卯澳，這個在台灣極東的小漁村，對我而言，從完全陌生到有了初步了解，也算是一種緣分。

卯澳在日治時代就有漁會，是重要的漁場，曾經風光過，有「小基隆」的稱號，魚源枯竭後逐漸沒落。內政部曾將此區規劃為遊艇碼頭專用區，引來財團對當地土地的收購，拆除具有文化特色的石頭厝，百年漁村岌岌可危。

卯澳及馬崗是台灣東北角碩果僅存的傳統石頭厝漁村聚落，幾位卯澳村的文史工作者，基於對故鄉的熱愛，致力於卯澳

及馬崗的文化、生態及環境的保護工作，初步成功喊停遊艇碼頭專用區計畫，他們想把卯澳地區改造成自然生態旅遊，以取代財團鍾意的觀光旅遊。卯澳地區的自然海岸線也因早期政府的不當作為，以致於除了此次跑過的卯澳灣東岸外，全部變成水泥護欄及俗稱肉粽的消波塊，如果遊艇碼頭落腳此處，隨之而來的破壞性建設可想而知。

起心動念找資料時，登山界對卯澳古道一致的描述都是雜草叢生、路徑不明，是少人造訪的冷門古道。但令人訝異的是，第一次探路就發現路況和網路所描述的有明顯差異，除了北段出口處及少數路段芒萁較多外，用上柴刀的地方並不多，有些路段似乎才剛整理過不久。在一次和當地居民的談話才知道事情的原委，我們可謂選對時間。原來，致力於保存卯澳自然風土文化的文史工作者，委託「中華山岳藍天隊」協助恢復卯澳古道的昔日風采，根據曾經是捷兔一員的藍天隊隊員Shit City（陳大鎮）所述，他們在卯澳紮營1、2個月，才把古道整理成適合一般民眾親近的步道。

第二次把同一路線做給China Hash跑步當天，在「卯澳海洋驛站」前廣場巧遇藍天隊又去整理步道，寒暄中得知，原來雜木林中沒路徑的布條，是他們在試圖找回消失的古道主線時綁的，因方向錯誤而放棄，他們應該沒料到竟然會有人利用到，我們的極東路線決定得很是時候，省去很多砍路時間，感謝藍天隊。

人物側寫

進 捷兔圈凡三十幾載，接觸過的兔友不計其數，人來人往，宛如天上繁星，有人像遨遊宇宙的彗星，造訪一次後就不再回頭；有的像星星月亮太陽，天天陪伴你身邊，讓人留下深刻印象。在捷兔大家庭裡，各路英雄好漢聚在一起，有人低調默默付出，有人古道熱腸，相逢自是有緣。來介紹幾號人物，不是跑最久的，也不是最有貢獻的，而是有故事性的。

【大顆呆Slobbo】

本名：Zeke Hoffman（何福門）

根據Urban字典的定義，Slobbo：Big fat sweaty nasty person（鹹濕的大胖子），馬上讓人聯想到《西遊記》裡的「二師兄」。雖然Slobbo自認是沙豬（當然沒人敢叫他豬八戒），但如果你用台灣話叫他「大顆呆」，他會回你：「大顆，沒有呆。」

出生於美國佛羅里達州的Slobbo，二十幾歲來到台灣時在一家石油探勘公司任職，與其他幾個流浪他鄉的老外創立了台北捷兔，創會的經過也是傳奇，看他為本書寫的序就會明白。

作為唯一還留在台灣的捷兔創會者，別被他現在的體型誤導了，他的兔名最早叫「Speedy」，也算飛毛腿一族，實在很難讓人跟他現在的形象聯想在一起。Slobbo早期參加登山協會主辦的三人一組30公里越野賽還常得名次呢！不知到底受了什麼刺激才變成今天這副模樣，也許這也是捷兔的功效之一吧?! 有興趣的朋友歡迎

1973年的Speedy

2004年的
Slobbo還是
很會跑

2012年

2019年

參加捷兔體驗看看。

Slobbo很融入台灣社會，什麼亂七八糟東西他都敢吃，看身材就知道。他喜歡抽沒濾嘴、軟殼的老牌新樂園香菸，1990年代在台北地區已經很難買得到了，他竟然知道桃園鄉下的雜貨店哪裡有賣，忠誠程度可見一斑。此外他也吃檳榔，時常看到檳榔西施瞪大眼睛，感覺不可思議地把檳榔賣給他。

Slobbo的脖子上時常掛著一串寶貝，除了別在上面隨時拿來擦喝完啤酒從嘴角流下來口水的小毛巾外，哨子、開瓶器、零錢

罐等是標準配備，不過最明顯的特徵還是他身上的刺青，四肢及頭頂都有。右臂刺著一艘美國柴油潛艦，是他服役的單位；左臂的新加坡虎頭是駐地；右腳的中國娃娃及左腳的日本藝伎想必是他的性幻想對象；頭頂上還有一隻長翅膀的小昆蟲，他說是蜜蜂，我怎麼看都像蒼蠅。

Slobbo隨身
攜帶的寶貝

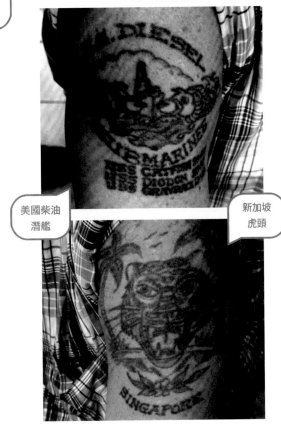

美國柴油
潛艦

新加坡
虎頭

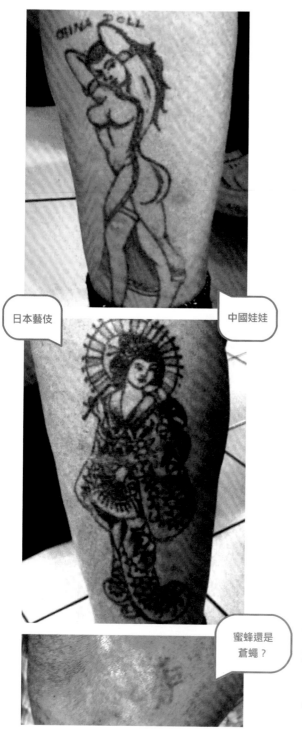

日本藝伎

中國娃娃

蜜蜂還是蒼蠅？

台北捷兔創立後的前2年他一直都全勤，是第一個跑滿百次的捷兔會員，直到他因公受傷，後來又因工作關係調到新加坡，跑次紀錄才被Guru追過。Slobbo曾兩度回美居住，一次是陪兒子回去讀高中，他說兒子在台灣念書時常要跑訓導處，讓他不勝其煩，真是「Like Father like son」。

為喝酒而跑，文體也獨樹一格

Slobbo從不諱言自己是個男性沙文主義者，堅決反對捷兔有母的，早期年輕氣盛時，如果有人私帶女人來台北捷兔亂晃被他看到，他絕對不留情地破口大罵。他亦堅持捷兔是社交社團而不是體育競賽，跑步是為了喝酒，喝酒就是聯誼。

雖然在台灣已經住了40、50年，但是他的國語還是離離落落，以我的觀察，他不是不想學，而是沒語言天分。曾經有一次在三峽某廟宇集合跑步，他指著柱子上刻的字問我是什麼意思？每個字他都念得出來，合起來就不知道意思，其實他努力過了。

看Slobbo寫的口語文章很有捷兔風格，第一次收到他的Email有點不知所云，後來才搞懂他的特殊文體，就像現代人把「這樣」寫成「醬」一樣，一時會令人摸不著頭緒；這種文體被戲稱為「Slobbowrit」，週報曾有一篇解讀「Slobbowrit」的文章，而他為本書寫的序就是這種文體。

HOW TO DECIFER SLOBBOWRIT

GUALI
GOT THIS
FROM
SOMEWHERE.

Some of the best American university minds have been pondering over a curious primitive language that has emerged recently in the newsletters of the Taipei Hash House Harriers. It appears to be some genetic throwback to primitive times when man first struggled to communicate in writing. Slobbowrit has been lost for many centuries, and its re-emergence is of great interest to scholars, as is its writer who is said to be a gruesome genetically retarded monster of vile habits and crude mannerisms - a kind of step backward in the evolution of the human race.

Slobbowrit is such a primitive language that it is difficult to find patterns in it, but this is what is known about it so far. First, any similarity to English is purely accidental. It does seem to have some vague connection with Hash English in its vulgarity, but that is as far as it goes.

In attempting to read Slobbwrit, it is helpful to know that there are no "g's" at the ends of words - bleedin', amazin', bein', swimin', fuckin' (often spelled fookin', etc.

The following glossary may be of some help:

wot	-	what	enuff	-	enough
sumwot	-	somewhat	must've	-	must have
n	-	and	mudda	-	mother
ne'er	-	never	mutha	-	"
un	-	one	twas	-	was
how'er	-	however	cum	-	come
afta	-	after			
ya'd	-	you would			
sum	-	some			
sed	-	said			

These are the slang expressions so far decifered:

Bukit	-	bucket (beer)
Piss	-	"
Pricks	-	males
Klick	-	kilometer
Nut Sacks	-	Scrotum

Of course much of Slobbowrit will never be understood by modern man, because it is not the language of intelligent man. It appears to be somewhat phonetic, but it is totally lacking in syntax, grammar, and grace. It may be that the only key to understanding Slobbowrit will be found through doing a lobotomy of its speaker. There shouldn't be any difficulty in preserving his brain because it already appears to be pickled. Whenever his brain falls out, would you mail it to me so that we can do experiments here?

In the meantime, enclosed is a check to keep those newsletters coming (cumin') and to buy Slobbo a downtown. And take good care of Slobbo - he is the Hash equivalent of a National Treasure. I hope they never let him off the island.

Reyboot

【印度大師Guru】

本名： Achyuthan Narayan（賴禮仁）

　　Guru源於梵語，為大師或宗師之意，和捷兔的Grand Master同義。由於他在台北捷兔投入相當多心力，對台北捷兔貢獻良多，所以在1980年被推舉為榮譽會長，直到1988年才取消。他保存著相當完整台北捷兔的文獻資料，我能夠完成這本書，Guru更是居功厥偉。

　　Guru在1973年從印度來到台灣開疆闢土，從此把台灣當成自己的家。來台幾個月後的年底，在一次跑步活動場合碰到台北捷兔創會會長Organ，在他的遊說下加入捷兔，成為創會元年的元

Guru & Sunil

筆者與Guru
（攝於2015/5/16）

Guru與Slobbo
和You Ching

老級人物。Guru的出席率相當高，跑步次數一直維持台北捷兔第一名。Guru的夫人從服務的美國學校退休後，想回印度定居，可是Guru捨不得台北捷兔兔友，不想回去，最後兩人達成協議，折衷台灣印度各住半年，此後跑步次數才漸漸被Eagle（楊國鵬）追趕過。

　　Guru大半輩子都在捷兔打混，捷兔是

為Guru
餞行

他生活的重心,即便因年齡的增長,體力逐漸退化,他還是堅持每個禮拜與會。無奈時間是無情的殺手,除了行動逐漸遲緩外,Guru的腦力也漸漸退化,直到發生2次找不到回集合點的路並被警車送回後,才意識到問題的嚴重性。他已有了失智的現象,但依然堅持出席,所以後期都由他的兒子Sunil陪同參加活動,以免再度走失。

2015年1月,就在Guru要回印度居住半年的前幾天發生了小中風,因腦部受損,造成他對時間空間認知的錯亂,對他的失智現象雪上加霜,回印度的計畫因而延宕,他就被困在台灣了。留在台灣本是他的願望,但因為照護問題,在中風將近3年後的2017年12月,家人突然決定帶Guru回印度頤養天年,眾兔友在石牌路的中國川菜餐廳幫他餞行,由於事出突然,我因不在國內而錯過,甚憾!

豐富的收藏成為捷兔珍貴史料

Guru對自己的跑次錙銖必較,除了詳細記錄自己在台北捷兔的跑步次數外,也記錄在其他捷兔會的跑步次數。在他跑台北捷兔900次的心得報告裡,洋洋灑灑地羅列了他在各地跑過的捷兔跑次,鉅細靡遺,他在國內外二十幾個團體共跑了1494次。

很多人質疑他的跑次有灌水之嫌,都遭到堅決否認,他信誓旦旦地表明自己有寫日記的習慣,只要你質疑哪一次記錄不實,他都可以找出證據來證明自己所言不虛。

2010年某天,Guru整理出家中物品,問我有沒有地方可以存放一些捷兔的東西,我沒多想就去把2大紙箱的雜物搬到辦公室角落。原以為只是暫放,後來才知道他是要交給我保管,這些物品我一直都沒理會它,直到要舉辦台北捷兔2000次慶祝跑步時,為了文物展才翻出看有何可用之物,一瞧才知道這些都是Guru所收藏和捷兔有關的寶藏,除了台北捷兔完整的週報及媒體關於台北捷兔報導的剪報外,還有一些實物。其中我認為最珍貴的,應屬一把起跑槍,還有一張「台北捷兔」與「中華民國田徑協會」合辦的第一屆全國馬拉松公開賽的空白成績證明。1979年Guru擔任台北捷兔會長時,與當時擔任田徑協會總幹事的紀政合辦該賽事,關於台北捷兔和台灣馬拉松的歷史淵源,在附錄中有比較詳細的敘述。

在台灣住了大半輩子,Guru早已把自己當台灣人了,2002年的Interhash在印度的Goa舉行,Guru趁機和捷兔的團體回去印度觀光。旅行期間,當地人問他從哪裡來,他都回答「I'm from Taiwan」而不是他的家鄉Cochin。

關於Guru,用一句他兒子Sunil的話做結尾:

「我爸爸在印度沒有朋友,只有親戚;在台灣沒有親戚,只有朋友。」

【008情報員 Penniless】

本名：Nick Mayo（梅耀）

開著馬莎拉蒂，載著美女，雲遊四海，忽而在中國，忽而又出現在印度、緬甸、泰國、越南、不丹等處的蠻荒野地，沒看他在幹什麼正事，卻有花不完的錢，圍繞身邊的美女永不缺少，還會為他爭得死去活來，這樣形容一個高帥的英國人，你會想到誰呢？詹姆士·龐德？非也，他叫Nicholas Mayo，暱稱Nick，是台灣捷兔界響叮噹的人物。除了常穿破褲、破T恤開馬莎拉蒂外，身邊的女人一點也不比龐德女郎少，時常在台灣人跡罕至的荒郊野外亂竄，到處打探沒人知道的祕境，怎麼看都覺得他像008情報員，我們都這樣認為。

Nick來自英國布里斯托（Bristol），曾任台灣美國摩根大通銀行副總裁，四十幾歲賺夠好幾輩子花不完的錢就退休了。他在1982年先參加了China Hash後，過沒幾個禮拜就來到偉大的台北捷兔，他擔任過台北捷兔1986、

Nick説：「開馬莎拉蒂誰會在乎你穿破褲子？」

堆滿少數民族相關書籍的客廳

1989及1992年的Trail Master，1987年的On Sex，1988及1990年的Joint Master，在1994年幹完台北捷兔會長後，就沒有老外敢在台北捷兔擔任會長了，殺傷力可見一斑。

Nick在台北捷兔的兔名（Hash Name）叫Penniless（騙你累死），Penniless是沒半毛錢的意思，因為他的姓Mayo發音就像「沒有……錢」（取兔名有時也會取反義，就是錢很多）；他因為喜歡和原住民姑娘打情罵俏喝小米酒，所以在China Hash有另外一個兔名叫Mijo Slut（米酒俗辣）。

深入蠻荒，熱中少數民族研究

Penniless醉心於少數民族研究，客

中國時報
報導

研究少數民族 旅台英銀行家秀成果

李道成／台北報導

在台灣居住長達卅年，並取得永久居留權的前台灣銀行副總裁梅耀堤（Nick Mayo，尼圖·梅耀堤），多年來，不僅對台灣的文化著迷，近十年來，他往返台灣、大陸一百多次，拍攝瀕臨消失的許多大陸少數民族的哲俗慶典活動，甚至在好友的鼓勵下舉辦了攝影展。

從事金融業的梅耀，對台灣的原住民及大陸少數民族的文化與習俗特別愛好，他分析，主要是這些民俗沒有受到太多外來物質衝擊，仍保留了許多人類最質樸的特性。

在他探訪過的卅多個大陸少數民族中，梅耀最欣賞的是彝族；他認為彝族能保留自己的文化、語言與文字，並且拒絕漢化，不像其他少數民族，目前其漢化程度都很深。

為了能讓更多的人了解這些可能消失的少數民族珍貴文化，比較靠近沿海的貴州、雲貴，部山區六、七次以上的梅耀觀察發現，現在年輕人都到沿海打工，導致許多統文化傳承，這些少數民族文化可能會出現斷層，為此他感到憂心。

由於這些深山少數部落對外人戒心甚重，為了拍攝珍貴的圖片，往往需要先與族人博感情，取得他們信任，才有機會收集到更多的奇風異俗，梅耀建議，立即保存這些大陸少數民族部落的圖片、文化風格，希望能讓更多的人了解，少數民族文化保存的重要性。

梅耀去過最多的大陸少數民族聚居地，包括了四川、雲貴、新疆、青海、內蒙古與西藏，他甚至於跨境跑到泰緬越北部山區；還有次因為大雨，他在深山內仍背著數十公斤的攝影設備，一不小心被冲進湍急的河流差點送了命。

廳桌上擺滿與各國少數民族有關的書籍。他把台灣當基地，每年排滿行程，深入亞洲各國的蠻荒地區，以相機記錄即將消失的少數民族，拍攝他們的的傳統服飾、祭典、建築及文化等。他不去專為觀光客而設的少數民族景區，拍攝騙觀光客錢的假原住民，所以時常徒步數天深入偏遠山區，記錄平常就穿著傳統服飾下田耕作、草原放牧或其他勞動的原住民，也因此時常成為當地居民看到的第一個白人，中國時報在2012年的11月26日刊登過一篇關於他研究少數民族的報導。很不幸

Penniless拿來當臉書大頭貼的藏人面具舞（Penniless提供）

地，他也因此經常帶回來一些讓台灣醫生束手無策的奇怪疾病，搞壞了身體。

2008年前，他時常進入西藏地區拍攝藏人的宗教及生活文化，2008年西藏314事件發生後，中國禁止外國人入藏，令他非常惱火，為了持續記錄藏人的生活及文化，他退而求其次到其他省分的藏人自治州拍攝，從他的臉書以藏人的面具舞做大頭貼以及青藏大草原做封面相片，就可知道他對藏文化的喜愛。他有一個名為 Remote Asia Photo 的臉書專頁及網站，有興趣的讀者可上網欣賞他的作品。

藏族法會慶典
（Penniless提供）

騎馬趕赴法會的
藏胞
（Penniless提供）

藏女織氂牛布
（Penniless提供）

正在拍攝織布藏女
的Penniless
（影片截圖）

　　Nick當兔子常標榜全新路線，喜歡找捷兔沒跑過的地方做路，他的路線口碑很好。憑著在台灣捷兔界的號召力，他在2008年發起了一年一度聯合全台灣捷兔會的全島特跑（All Island Run），又成立一個到國外偏遠地區跑步的Mega Hash。

　　他曾說過，他嗜好的排序是1.喝酒，2.跑步，3.女人，但因縱欲過度，自從他的酒牌被醫生吊銷後，現在的排序是1.傷心，2.散步，3.流淚。

【生命鬥士 Bush Baby】

本名：Duncan Robinson（羅秉信）

雖然已經去參加了天堂捷兔，但會介紹Bush Baby實在是因為他很有故事性。從我參加捷兔時就認識他了，但一直沒多少交集，直到2000年以後，許多在台外國人紛紛轉往中國大陸發展，他在台灣的老外朋友越來越少，加上他和我的生日僅相差3天，所以常找我一起找路當兔子慶生，我們才越混越熟。相處期間，得知Bush Baby的祖籍是英格蘭，1940年出生於當時的英國殖民地印度，二戰後短暫回到英國求學，畢業後輾轉來到台灣發展，從此愛上台灣姑娘，與台灣結下不解之緣，最終長眠於此。

2006與手術後2年的Bush Baby
當兔子慶生

樂觀又幽默風趣的Bush Baby

2004年春的某一天，已經忘了和他相約何事，約期快到時突然接到他來電說要去醫院，得另約時間。問他何故？他說突然皮膚變黃，要去醫院檢查看看。我當時並不以為意，還調侃他說住在台灣已經三十幾年了，皮膚變黃很正常。沒想到幾天後得知檢查結果，竟是胰臟癌末期，腫瘤已大到堵塞膽管，皮膚變黃是黃疸的緣故。根據各種資訊顯示，胰臟癌的存活時間大約只有半年，所幸當時在榮總服務的幾個醫生兔友，幫他找了全國首屈一指的胰臟癌專家蘇主任進行手術，雖然手術相當成功，但估計最多也只剩10個月時間而已。從此以後Bush Baby的肚子裡就少了胰、脾、膽以及部分的胃。

當時我們真的感覺就要失去這個朋友了，於是我便從相片庫裡找出他的照片，沖洗一份送去醫院給他，並且把一張先前在醫院吊點滴的照片合成啤酒瓶，逗得他直呼經典。當時我純粹想在他所剩的有限時間內，做一點令好友開心的事而已。可他並沒有要與病魔妥協的意思，在病床上，他念茲在茲的還是幾個月後做兔子的路線，他從來就沒有要離開Hash的打算。

儘管病魔纏身，依舊熱愛生命

奇蹟似地，Bush Baby很快就回到捷兔的行列，雖然肚子空了一些，體重也減了不少，但是憑著驚人的毅力及樂觀的態度，Bush Baby戰勝了病魔，恢復以往矯健的身手；雖然不能再大口豪飲啤酒，每天也得打4次的胰島素，且要隨身攜帶糖果以避免血糖過低危及生命，但這些小事都阻止不了他對生命的熱愛，也無法阻止他回到捷兔的決心。

雖然還得定時回醫院治療，且有幾次病況不是很好，但他都一一克服。治療期間，他還買了筆記型電腦學習如何安裝操作、繼續裝修在陽明山的房子、找路當兔子、寫週報、發Email通知夜跑地點，還不忘加註天氣資料，提醒大家注意穿著。在Interhash的捷兔指南（Hash Directory）裡，他還自告奮勇當Taipei Hash、China Hash以及Metro Hash的聯絡人，絲毫沒有要和病魔妥協的意思。

2008年我參加澳洲的Interhash回來後，聽說他住院了，而且情況很不好，和幾個好友去醫院探望他，他念茲在茲的還是Metro Hash要做的路。生命力總有極限，最終他還是敵不過病魔，在他生日的前一天離開了，享年68歲少一天，離第一次開刀差2天就滿4年，他的表現出乎榮總醫生的意料之外。

在Bush Baby與病魔對抗的4年間，從沒間斷過捷兔的跑步活動。有一次他因為趕時間忘了帶巧克力，沒想到跑到一半

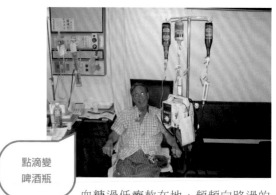

點滴變啤酒瓶

血糖過低癱軟在地，頻頻向路過的兔友喊「糖！糖！」求救，無奈兔友跑步很少攜帶食物，也無能為力，情況相當危急。所幸出現了貴人，Penthouse（劉明仁）不久前參加婚禮時，隨手將一顆喜糖塞在腰包裡，因而解救了他。事後根據Penthouse的描述，Bush Baby吃了糖果後就像大力水手吃了菠菜一般，馬上生龍活虎，健步如飛，一下子就超過他，不見蹤影。沒想到小小一顆糖果，效能竟然如此之大。

Bush Baby曾經提過，有一次他回英國處理女兒的護照問題，印度裔的移民官對他說：「法律上你女兒已不算英國人。」把他氣炸，他女兒已是第三代不在英國本土出生的「英國人」，他得準備一大堆的證明文件解決女兒的國籍問題。他還提到有一次入境英國時，在入境卡上的出生地上填寫「印度」，移民官問他哪個城市，他答「喀拉蚩」，移民官認為他胡扯，喀拉蚩明明在「巴基斯坦」。可是他出生時巴基斯坦屬於印度啊！他迷惑了，自己到底是英國人、印度人、巴基斯坦人，還是台灣人？

【財經專家 Golden River】

本名：謝金河

　　在台北捷兔會員裡最有名的非「Golden River謝金河」莫屬，在台灣的金融財經界赫赫有名，財信傳媒集團董事長、《今周刊》董事長、《財訊》社長兼發行人、《財金文化》董事長，頭銜一大堆。Golden River也主持東森財經台的《老謝看世界》及年代電視的《數字台灣》，並常在臉書分享捷兔的跑步經驗，近來台北捷兔有些兔友看了老謝的臉書慕名而來，不知道他們有沒有感覺受騙上當，跑步就跑步，為什麼還要光屁股坐冰塊喝啤酒呢？而且還打探不到股市明牌。

　　老謝參加捷兔前，比較常從事的運動是打羽毛球，1993年經一起打球的朋友引介下，踏入捷兔這條不歸路，從此棄舊愛

迎新歡，如今已近30個寒暑，即將迎來他第1000次的跑步。鄉下的成長背景，對於這種在荒山野地東奔西跑，時常搞得滿身大汗、全身泥濘的活動非但不排斥，甚至著迷，星期六的活動，他總以捷兔為優先。因為父親是牛販，所以老謝對水牛有很深厚的感情，在陽明山大草原跑步時，碰到悠然自得的水牛，就會勾起他小時候牽一頭牛出門，帶回兩頭的快樂回憶。他說，有一次他牽一頭看起來比一般牛肥碩的母牛出門吃草，母牛在回家的路上生下了一頭小牛，沒多久小牛仔就站起來跟著走回家了，這件事一直讓他津津樂道。

大方辦桌請客，當兔子做路不手軟

　　老謝當兔子是所有人最期待的，除了令人「驚嘆」的路線外，通常還會辦桌請兔友吃飯，還烤過山豬肉。他做的路通常都不輕鬆，2014年10月11日，台北捷兔的第2180次跑步，老謝就做了一條破台北捷兔爬升記錄的路，高低落差770公尺，至今無人能破。那天的集合地點是在新北投復興三路的上清宮，路線從上清宮旁的登山口，沿著粗坑溪深V縱谷一路往上爬，經過大屯南峰，再上大屯西峰，然後一路

玩得不亦
樂乎！

台北捷兔第2180次跑步高度圖

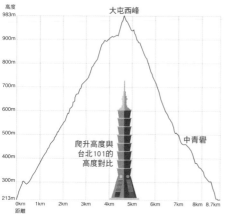

下衝到中青礐後，回到上清宮，總長度8.7公里，幾乎是上下2趟台北101的高度，哀鴻遍野。好在下山後，上清宮已擺了十幾桌酒菜堵住獵狗們的嘴，否則這種虐死人不償命的路線，難逃一陣撻伐。老謝曾經在一次特別跑步時被困在山裡，直到晚上10點左右才被救下山來，他常在電視節目或演講場合提到這段畢生難忘的經歷，詳情已在上一章描述過。

我參加台北捷兔的前幾年曾經當過幾年的幹部，後來在台北捷兔會員高速成長時期，就很少參與會務的運作。在捷兔裡我也不會主動去打探他人的職業或個人生活狀況，覺得那些都和捷兔活動無關，對我來說，來捷兔就只是跑步喝酒、紓解壓

力而已，所以起初並不知道老謝這號人物的來歷，那時他也還沒現在那麼有名。直到2003年，與老謝出雙入對的Gash（廖啟仁）當了台北捷兔的會長，找我搭檔當副會長，我才又比較積極涉入台北捷兔會務運作。

那年3月1日，會長出公差去台灣熊參加年會，老謝帶了一堆過期的《今周刊》來贈送兔友，原來是用假尤清當封面那一期；當天由我代理會長主持嚙嚙，當然要找老謝上來嚙一杯，我還消遣他說送這種雜誌太沒誠意，應該送《Play Boy》或《Penthouse》之類的才符合捷兔風格，我哪知道他就是《今周刊》發行人，是我有眼無珠。後來在我當會長的2005年，他還提供2萬元獎金，獎勵當年路線做得好的兔子，讓人感激涕零啊！

老謝對食物很挑剔，這點卻與捷兔的風格大相逕庭，Hash是有得吃就好，可老謝在任何地方總是可以找到美味的料理，他光顧的不是裝潢豪華的餐廳，而是隱藏於市井巷弄，或荒郊野外令人驚嘆的廚藝料理。老謝因為事情比較繁忙，時常趕場錄影、演講，所以通常只吃完捷兔的健康主餐「跑步」活動後就離開了，除非有重要事情，否則很少留下來享受重頭戲的「嚙嚙」，想看他光屁股坐冰塊很難。

老謝對於自己的《今周刊》雜誌時常介紹退休生活很不以為然，在他的《老謝的台灣紀行》新書發表會時，就說他很羨慕台塑集團的創辦人王永慶，希望能和王永慶一樣可以「做到死」，老謝的成功絕非偶然啊！

台北捷兔第2180次跑步路線圖

【馬拉松大將 Marathon】

本名：郭宗智

　　光看兔名「Marathon（馬拉松）」就知道此人是馬拉松健將，本名郭宗智的Marathon原本不是練長跑的，年輕時他是拳擊選手，身材瘦小，屬於微甲級，他曾在該量級的全國性比賽中獲得冠軍，退伍後鑑於拳擊運動時常於搏鬥中受傷，在家人反對下轉換跑道改練長跑。

　　他的身材正是長跑的優勢，經由不斷自我嚴格鍛鍊下，在1979年的台灣區運動會，第一次出賽的他就以2:58:51的成績奪得42.195公里馬拉松的冠軍，打破連續33年都由原住民雄霸的全馬項目，接著他又締造了1982到1984年區運馬拉松連續3年的冠軍紀錄。拿過4面台灣區運馬拉松冠軍的Marathon，是當時新聞報紙體育版的常客，他也在1983年獲得田徑協會的推選參加波士頓馬拉松，是台灣進軍波士頓馬拉松的第一人，他個人最佳的全馬成績是2小時25分20秒。

參加捷兔跑步的Marathon，不用拚老命

　　Marathon目前擔任中華長跑協會理事長，年輕時經由也是很喜歡跑步的雞屎（林福待）引介下進入台北捷兔，雖然兩人都滴酒不沾，但都非常享受這種不同型態的跑步活動。每年台北捷兔舉辦的迷你馬拉松賽，Marathon都會贊助大量的獎品，頒發給優勝者，誰叫他的兔名是Marathon呢。

筆者與Marathon合影

捷兔迷你馬拉松頒獎

【招搖撞騙的 You Ching（尤清）】

本名：蔡品端

本名蔡品端的「尤清」之所以會被取兔名為You Ching，就是因為他年輕時長得很像那個當過台北縣長的尤清，而且他也時常被誤認是尤清縣長本人或他兄弟，不信請看照片。當然這是在他退休前的樣貌，退休後的他開始蓄鬍子，又是另外一個故事了。

《今週刊》
雜誌報導

像尤清嗎？

尤清選擇在2000年1月1日退休，我猜應該是不願意跨世紀幹活吧。52歲就退休，他提出的冠冕堂皇理由是「不願意做到死」，和希望「做到死」的老謝剛好是兩個極端。不過以我觀察，其實是已經賺夠好幾輩子要花的錢了，謝金河的《今週刊》雜誌還有一期拿他當封面，報導他的退休生活。

退休後的尤清並沒閒著，開始實現他兒時的夢想，花7年學鋼琴、5年學聲樂，都是高薪聘請家教，勤練技藝，在捷兔的

上台獻藝

年終晚會或其他其他慶祝活動，時常上台獻藝，展示成果。

2005年我當台北捷兔會長時，為了甩掉會長這個吃力不討好的燙手山芋，年底時設計他出來接手爛攤子，於是他就接任了2006年的會長。為了安撫反對他當捷兔會長的太座，他也付出了代價，答應老婆

幹完會長後，每星期六跑完步就會乖乖回家陪她吃晚飯，在當會長之前，他可從不缺席霸許的。卸任會長後果然信守承諾，除非特殊情況，從此不再參加霸許。

台北捷兔由於會員人數太多，相互之間認識不易，有鑑於此，尤清在1999年時出資編印一本會員名冊分享會員，增進會員之間的了解，此後每2年更新版本，亦為會員們留下青春歲月的容顏。2000年，尤清又和Ink Pink（陳俊彥）花了不少時間，從Guru收藏的文件裡整理出台北捷兔的大事紀，包括歷任會長及每年發生的大事件，首登於2001年台北捷兔年刊，對於台北捷兔歷史的保留奠定重要基礎，功不可沒。尤清文筆流暢，隨便寫就是幾千字，提筆如行雲流水，打筆仗沒輸過，所以朋友們千萬別得罪他。

捷兔龍虎榜

騙人事蹟不勝枚舉

尤清退休以後便開始留鬍子，遺傳基因的緣故，五十幾歲就長出像張大千那種沒帶點灰的白鬍子，看起來就像80、90歲老翁，繼續他招搖撞騙的日子；年輕時冒充尤清，蓄鬍後冒充老翁。捷兔有時跑經遊客較多的區域，路人見此白鬍老翁身手矯健、健步如飛，紛紛拍手稱讚，並詢問其年紀，在旁的我們都誆稱快90了，遊客無不信以為真，其實當年他才50出頭而已。其他騙人事蹟不勝枚舉，且看他的自述：

「某次跑經面天山大片無線電反射板時，好事的Ben Lai（謝彬來）在後面大叫：『今天縣長來跑步了！』引起登山群眾一片歡呼聲；一對夫婦迎上握手說：『我們都在三和國中教書，都是投你票的……』無奈中只好跟大家說：『很好，很好，有空多多運動。』然後溜之大吉。」

「有次我到萬芳醫院門診後要抽號碼牌批價，一旁服務的志工看到我來，就按了一張號碼牌給我，輪到號碼去繳費時，不料那是博愛窗口，戴著假睫毛的小姐看了病歷上的年齡，擺了個臭臉說，年紀不到80歲的人以後不可以按博愛櫃台的號碼。老天，人不是我殺的。」

「現代社區鄰居互不熟識，沒什麼話好說，某次一位先抵達樓層的鄰居出電梯時丟下一句：『蔡先生、蔡太太，你們有沒

有差20歲？」老婆開心了個把月，我倆人同年。」

他還說過有次上捷運，一個坐在博愛座的婦人看他上車，馬上就要起身讓座，尤清連忙說：「不用不用，你的年紀可能比我還大。」把婦人氣到翻白眼。其他如排隊買票時，工作人員請他不用排隊或年長者不用買票等事件，不勝枚舉。

尤清生活非常規律，按表操課，早上4:00就起床，暗光鳥的我有時都還沒睡；下午4:00是他的跑步時間，雖然年紀越來越大，跑步速度漸漸和走路差不多，他還是堅持不懈。如果你在下午4點多，在台北辛亥隧道第二殯儀館到麟光附近，看到一白鬚老翁在跑步，那一定是他，叫一聲「尤清」他就會回頭，記得在辛亥隧道內別亂叫。

【老當益壯的 Hayase】

本名：賴明崇

1933年出生的Hayase是台北捷兔之寶，倒數最年輕的會員，大家都尊稱他為賴桑，將近90高齡的他，每個禮拜都可以走完捷兔全程的崎嶇山路，而且在台北捷兔每年舉辦的迷你馬拉松，還可以跑完21K半馬，真令人佩服。

> 90歲還是
> 一尾活龍

提到馬拉松，讓我想起一件丟臉的事。在他七十多歲時，小他25歲的我，半馬成績竟然和他差不多，他很厲害我很遜。有一年他報名了國道馬拉松的半馬，比賽前一天突然因重感冒沒法參加，他得知我沒報名就問我想不想跑，他要給我號碼布及晶片。我心想不跑也是浪費，反正沒事又不用錢，且我速度和他差不多，就答應了（不良示範，沒練過請勿學）。跑完休息時，突然聽到頒獎廣播：「……第五名賴明崇……」嚇了我一跳，原來我不小心幫他跑了分組第五名，我當然不敢上台領獎。

後來我碰到他時很得意地炫耀說：「我幫你跑了第五名但不敢去領獎。」期待他是否會誇獎我一番，沒想到他的回答嚴重打擊我幼小脆弱的心靈：

「通常我都是跑前三名……」

Hayase是在1996年初，由一起登山的朋友Shimada（王島田）介紹加入捷

兔的，他的兔名就直接使用他的日本名字
「早瀨Hayase」（日治時代皇民化運動有
日本名字是很正常的）。Hayase一加入台
北捷兔後出席率就非常高，二十幾年來已
經跑了一千兩百多次，他是捷兔的標竿，
鼓勵著我們活到老跑到老，他的養生祕訣
就是要養成走路的習慣，能走就儘量走，
過去幾十年裡，他每天都日行萬步以上，
當然飲食的控制也是關鍵，尤其要慎選攝
取的飲料（請參考照片）。

　　Hayase是所有捷兔人的奮鬥目標。
〔**初期目標**〕期望能夠活到他這把年紀。
〔**中期目標**〕活到這把年紀還能夠出門趴
趴走。
〔**終極目標**〕活到這把年紀還能馳騁山
林，暢飲啤酒。

養生之道

Hayase的
第1000次
（2015/8/16）

【九命怪貓 Chicken George】

本名：林福待

Chicken George是林福待的正式兔名，不過大家都習慣叫他Chicken Shit「雞屎」，雞屎是士林福國路一帶的地主，生性節儉，不捨得買衣服穿，常年一件原裝皮衣上山下海。他住在台北捷兔以前的集合地點「American Legion」前面，愛跑步的他，自然而然就加入了！

「雞屎」最被大家所津津樂道的並不是他不分寒暑都不穿衣服跑步，也不是因為他已年近80，還可以跑得飛快，而是他曾經有4次遭閻羅王拒收的事件，令人嘖嘖稱奇，可謂九命怪貓。

【事件1】

　　台北捷兔跑步日期如果碰到除夕，都會安排在市區跑步，讓大家跑完還來得及回家吃年夜飯，參加者大都是住在北部地區，不用回南部過年的人，人數只剩約平常的三分之一左右而已。2010年的除夕也不例外，請看當年週報報導：

　　「……原來今天是City Run，預期路線不長，因此大家都跑得很快，在經過承德路三德飯店要轉入90巷時，Chicken George超過Gash後突然癱軟在地，Gash趕到時發現他已無呼吸及心跳，而且瞳孔一直放大，Gash發現不對，馬上拿出20年前學過的CPR進行急救，按壓了2、3分鐘後恢復斷續但不穩定的心跳，此時大夥已陸續趕到，並請旁邊五金行打電話叫救護車；未許，救護車趕到，施以電擊恢復其心跳，由Cocoon（李長泉）陪同火速送往不遠處的馬偕醫院急救，Fire Wood則先跑回通知家人，在半路碰到會長。火鳥會長趕到醫院時，Chicken George已住進加護病房過年，第二天大年初一昏迷指數已從3恢復到8、9，並逐漸好轉……」

　　隔週他又出現在捷兔跑步地點，好像什麼事都沒發生過一樣。

【事件2】

　　2011年10月1日，事隔不到2年舊事又重演，那天剛好我是兔子，跑步地點在汐止，也是下著雨，起跑沒多久後進入竹林，雞屎老毛病又發作，趴倒後整臉埋入爛泥，旁邊兔友一把將他拉起，心臟又停了！緊急喚回剛經過不久的醫生Mosquito進行CPR，再次把他從鬼門關拉回。有兔友打電話叫來救護車，他拒絕就醫。

【事件3】

　　這次不是發生在捷兔跑步場合，而是發生在他和家人去中國大陸張家界旅遊時。根據他老婆描述，在他要爬上天門山階梯的半途中心臟又停了，幸虧旁邊遊客很多，叫救護車送去醫院又把命撿回來，當然後面行程也泡湯了。

　　經過3次心跳停止後，大家都勸他別再跑了，畢竟不是每次都會那麼幸運，萬一發生在一個人跑步時，幾分鐘就被閻羅王帶走了。他倒是很豁達，說死掉就算了，對他而言，不跑步比死還痛苦。

【事件4】

　　2015年的這件事也不是發生在捷兔跑步場合，而是一群捷兔朋友私邀登山時所發生的事情，許多媒體都有報導，因為參加的人都是捷兔成員，所以在捷兔界也引起一陣騷動。「雞屎」因迷路被困山上2個晚上，後被「跑山獸」的Petr及Sasha尋獲，才倖免於難；我也順應要求在捷兔週報寫了一篇事發經過的報導《雞屎迷航記》，摘錄分享讀者：

　　「……由Rolling Stone帶領的19隻兔崽子禮拜天要去塔魔巴縱走……一早登上新北

第一高峰塔曼山、玫瑰西魔山、巴博庫魯山，預計10個小時，下午從明池下山……下午5:00掃路的Dragon等人到達明池時，還沒發現雞屎的蹤影，才知大事不妙……下午6:00天色漸暗，大夥決定向明池派出所報案協尋，晚間11:30大同警義消開始入山搜索……

……因為巴博庫魯山是新北市、桃園市及宜蘭縣的界山，第二天三縣市及林務局各派警義消協助搜尋，各自負責自己的轄區……但搜索一天亦無所獲……

……週二一早7:40許，來自捷克也是『跑山獸』成員Petr Novotny的女朋友Eva Lobo來電表示，Petr對那一帶很熟，希望能趕快上山協助搜尋……Petr及Sasha原計畫從巴福越嶺路線前進，到達1.5K處突然改變主意走茶墾山這條很少人走的冷門路線，他們設法渡過暴漲的札孔溪，在河對面花了一些時間才找到不明顯的往茶墾山的路口，過茶墾山後，下午3:00左右就在距離玫瑰西魔山2公里處發現憔悴且狼狽的雞屎……雞屎滿臉髒污，臉頰消瘦，只穿一隻鞋子，顯得相當虛弱，很顯然經過一段不好受的折磨。Sasha趕緊拿出香蕉給雞屎充飢，並把自己的一隻鞋子給他穿，攙扶他往玫瑰西魔山前行，Petr則先行求援……4:00左右兩人把雞屎交與救難隊後，就先行前往拉拉山消防隊過夜，第二天兩人從巴福越嶺路線跑回福山，只花2小時，『跑山獸』無誤……」

後記：今早（星期四）打電話給雞屎欲了解事件發生經過，雞屎嫂告之雞屎在迷途中因為上上下下撞傷肋骨，目前住院療養中。她轉述雞屎這次登山有準備手電筒、哨子、行程表（地圖）、罐頭等，但是放在遊覽車上（啊這樣帶去幹嘛!?），只帶一個幾乎空空只放一個漢堡麵包的小包（不是漢堡，沒肉，只是上面有幾顆芝麻的白麵包），第一天晚上他就只吃那個麵包在樹下過夜。他急著要找回正路，就在那裡上上下下，發現怎樣都繞不出去，他有下切到溪邊，因溪水湍急過不了河，一隻鞋子就在那時候掉了。第二天晚上在溪邊過夜，天一亮就趕緊找出路，餓了就摘樹葉吃，草、泥土能夠吞下肚的就吃，可是繞來繞去好像又繞回原點。他說他途中有看到很多人，他呼叫，可是都沒人理他，猜想可能已經產生幻覺，好在及時被尋獲，否則不知能否再熬一個晚上，感謝上天。

雞屎數度叩鬼門關都被閻王退貨，想應已被閻羅王列為拒絕往來戶，應可長命百歲，阿彌陀佛，善哉！

此事件後，我思索了雞屎此次能夠在將近2000公尺的高山上，僅靠單薄衣服及拋棄式超薄雨衣熬過2個晚上，除了過人的體力外，就是他無論任何天氣常年赤膊跑步，練就一身不畏寒冷的犀牛皮，才能度過此次難關；因此我乃見賢思齊、東施效顰，無論寒暑皆上空跑步，幾年下來也練就一身能夠全年只穿短袖的功力，以防萬一不幸被困山上，能夠多撐一晚以待救援，但還是希望不會有那麼一天。

雞屎迷航記圖解

◎烏來

◎福山

新北市

▲茶墾山

雞屎尋獲處

塔曼山 (2130m) ▲

拉拉山
神木區

▲玫瑰西魔山 (1871m)

松蘿湖 →

◎上巴陵

桃園市

▲巴博庫魯山 (2101m)

第一二天搜索範圍

宜蘭縣

◎明池

Petr 及 Sasha 搜尋路線

【最佳男配角 Sofa】

本名：邱啟發

　　台北捷兔有一個入圍金鐘獎最佳男配角的業餘演員「邱啟發」，他業餘演出幾部單元劇集，戲分較重的有公視人生劇展的《愛的麵包魂》及《生命紀念冊》，也曾在多部單元劇客串演出。他因演出《愛的麵包魂》十分搶戲而入圍迷你劇集最佳男配角，雖然最終沒能獲得該獎項，但是以一個非職業演員而言，能入圍就是對演技的一種肯定，而且還走過紅地毯，這是他所津津樂道的。

　　邱啟發在退休前經營窗簾及沙發布的批發生意，所以被取兔名為Sofa，1991年，常和他一起打網球、任職於電信局的Dog Turd（高印壽）把他帶來台北捷兔，從此與捷兔結緣。原籍宜蘭的Sofa熱心好客，宜蘭老家有一間數百坪、堆滿他收集的古董及珍貴石頭的別墅，經常作為捷兔的招待所。他從開始跑捷兔後就熱心會務，一直到2005年為止每年都會贊助兔子T恤或布章，2007年又因入圍金鐘獎，特別製作一枚布章贈送當年的兔子。

只要當兔子都可以拿到一枚Sofa 送的躺在沙發上喝啤酒的布章

入圍金鐘獎特別製作送給兔子的布章

　　Sofa對台北捷兔的貢獻良多，出錢出力，調解紛爭，台北捷兔在會長競爭激烈時期，他時常自掏腰包請兔友吃飯，動輒近10桌，耗費不貲；隨著年紀漸長，他也逐漸退出會務運作。他曾說跑滿1000次就要退隱江湖，可是現在他已跑超過1200次還是不忍離去，恐怕要跑到千秋萬世了。

【資深越野跑者 Carrier】

本名：何萬豐

Carrier在台灣越野跑界資歷很深，自從有了孫子以後，年輕人也開始叫他「阿公」，他似乎很享受這個頭銜。Carrier本名「何萬豐」，但是大家都叫他萬「豐」，萬「豐」應該是戶政事務所的筆誤，日本漢字用「豊」代替「豐」，早期受過日本教育的戶政事務所公務人員經常誤植，因此也就將錯就錯。

Carrier早期從事商業登山活動，當過高山嚮導，因為能夠背負接近他體重的裝備而得到此兔名，我爬過的十幾座百岳，大部分也是跟著他的登山團完成的。後來他轉戰越野，曾幫很多國際賽事規劃賽道，如The North Face 100國際越野挑戰賽台灣站，以及MSIG Taiwan Action Asia 50越野賽等，其他的越野賽事他也多有參與。

他在2001年時隨著Wild Man及其他數名原台北捷兔的成員創立了台灣熊跑山俱樂部，並成立一個星夜跑步次團體，但他沒多久就離開台灣熊，星夜跑步也跟月圓跑步合併為台北捷運兔。2007年，當時的China Hash因大量老外的離去，面臨倒團危機，他跳下火坑接任會長，成為第一個擔任China Hash的台籍會長，靠著他在越野界的名氣，引入很多年輕人救亡圖存，因此被China Hash稱為God Father（教父）。

【馬界神人 Sapporo】

本名：王印財

2012年3月31日台北捷兔的第2049次跑步，Softy（徐壹豐）當兔子，在他的老家蘆竹一帶做路，跑完後嚙嚙時，坐在我旁邊的一個陌生面孔顯得相當興奮，沒有一般第一次跑完捷兔後那種快要上西天的感覺，新人理當要關心一下，就和他聊開了。原來他沒有師父帶入門，平常有在跑步，但不喜歡跑操場，都是自己一個人到處亂跑。

在建設公司上班的他，聽設計師說有一個叫「捷兔」的團體好像很適合他，於是他就從網路上找資訊來了。台北捷兔顯然很合他胃口，跑得很嗨，然後就留下來一起吃飯霸許，然後……然後就喝到第二天早上才回家，回家後發生什麼事就不得而知了，這個人就是後來在馬場赫赫有名的神人——王印財，人稱「財神」。

話說當天霸許時，喜歡喝酒的阿財也喝開了，兔友也善盡職責地為他示範為何台北捷兔是一個喝酒團體。酒過三巡、酒足飯飽大家都要離開時，發現他站在廁所小便斗前，頭趴在靠著牆壁的手臂上，尿到一半就睡著了。也不知道是誰把他的小鳥塞回去，並抬他到車上的。因為沒人認識他，無法聯絡他的家人前來處理，只好把車窗留一細縫，讓他在車上睡覺。為防止他醒來酒駕回家，就把汽車鑰匙放在擋風玻璃雨刷上。後來根據阿財自己的說法，半夜3:00左右，一通電話把他吵醒，發現是老婆打來的不敢接，又找不到鑰匙就繼續睡覺。第二天早上6點多，兔子Softy前來探視情況，將他叫醒並告知鑰匙位置才離去。

第一次跑捷兔的財神

第二次就被嚙嚙糗事

神人級的馬拉松人生

接觸捷兔後，阿財認識一票喜歡跑馬拉松的人，一個多月後的5月6日就完成他的人生初馬，就從此展開他的馬場人生，越跑越著迷，以2年9個月的時間完成百場馬拉松，是當時台灣最快完成百馬紀錄的人（這個紀錄後來被別人打破了）。但這只是瘋狂的開始，他的第二個百馬只花了11個月的時間，幾乎每個星期六、日，包括國定假日都在跑馬拉松，這時候他已經

是神人級了。別以為這樣就到頂了，他的第三個百馬只花了10個月，200馬和300馬最快完成紀錄至今尚未被打破，我問他一年才52個禮拜，你在2015年就跑128場馬拉松是怎麼辦到的？他說：「為了跑多日賽，8月份就把工作辭了！」我徹底服了，這時候已經不是用「神」可以形容他了，簡直是「神……經病」。

他跑馬不求快，甚至可以說是在玩，所以時常「落馬」，前述的百馬記錄當然不包括落馬在內，這時候42公里的標準全程馬拉松已經無法滿足他了，更遑論捷兔的小兒科玩意，對他而言連小菜都算不上。他開始跑越野及百K超馬，目標是100場百K，到2021年底，在9年多的時間內，共跑了528場馬拉松，完賽444場，

落馬84場。來看一下他的瘋狂事跡：3次9日連馬；1次11日連馬；以42小時多完成香港環大帽山162K比賽，總爬升9032公尺，是他單次耗時最長的比賽；2021年從鵝鑾鼻經合歡山武嶺再跑到富貴角的縱貫台灣，12天跑了750公里，總爬升接近1萬公尺。

　一般跑馬拉松的人大多很注重養生，滴酒不沾，但財神不同，他可以喝到三更半夜，小寐1、2個小時後便可立刻上馬場，有時喝得太鏘也是他落馬的主要原因。2020/02/02是雙雙對對很難令人忘記的好日子，財神去跑陽明山十五連峰，結束後又直接跑到觀音山參加新北捷兔的霸許，結果開車回家時，在離家門口不到20公尺等紅燈時竟然睡著了，下場就是被以公共危險罪判刑3個月，易科罰金9萬2000元。老婆給他兩條路走：「戒酒或離婚。」他竟然選擇「戒酒」，真的是跑馬跑到頭殼壞了。

【貓家族 Cat Family】

本名：黃智

Cat Man（黃智）約在1997年（連他自己都無法確定何時）由他的姊夫Pierre Cardin引進China Hash，2001才敢來純男團體「台北捷兔」，目前活躍於各Hash團體間，全家都在跑捷兔。Cat Woman（貓女）及Beer Kitty（啤酒小貓）是其妻女，他哥哥叫K-Bra（黃啟），跑台北捷運兔比較多。我常跟他開玩笑說他媽媽應該再生一個弟弟取名黃班，正好開一間「啟智班」。Cat Man因為當初跑Hash的時候家裡養了一堆貓（聽說不下十數隻），因此得到「貓人」的兔名，Cat Man做路的地點十之八九在象山，所以也有「象山王」的稱號。

根據Cat Man的自述，因為他長得太

帥所都沒有人想和他做朋友，同時也符合「健人就是腳勤＋酒空」的基因，所以喜愛在Hash的世界裡打滾。Cat Woman則是因為老公常常往Hash跑，而且每次都醉醺醺地回家，所以才跟去看看什麼叫做「The drinking club with a running Problem」，沒想到一試成主顧。不過依我觀察，事情恐怕沒那麼簡單，有一次我和Cat Man在Messenger上聊天，聊著聊著突然冒出一句：「我是Cat Woman。」把我嚇出一身冷汗，原來他們共用一個帳號！真令人同情，無法偷腥的貓。

Beer Kitty則是迫於身世的無奈，從受精卵開始就踏入捷兔圈，已經快20年了，現今每次跑Hash的首要目標就是把父母安全帶回家，目前已成功成為Hash專業代駕，Cat Man終於可以暢懷開飲了。

Cat Man擔任過2016年新北捷兔及2019年台北捷兔的會長，他在擔任台北捷兔會長期間引進很多年輕人，大大降低台北捷兔的平均年齡，Beer Kitty也曾在2012年擔任Formosa Hash的會長，因為當年尚未成年，所以由Cat Woman垂簾聽政，擔任慈禧太后的角色，Beer Kitty是目前台灣最年輕的GM紀錄保持者。

【愛跑大叔】

本名：林史恩

　　會把這個怪叔叔收進來是因為他來自Hash的故鄉馬來西亞，雖然他沒跑過多少次台北捷兔。林史恩來台念書後就被套牢在台灣，一晃就過了三十幾年，喜歡攝影的他因緣際會踏入影視圈，拍了幾部膾炙人口的廣告片，走紅的是那部載小敏去泡溫泉的廣告片，直到一部雞精廣告，把他推入跑馬拉松的世界，因為他演的角色通常是中年大叔，所以「大叔」的稱號就跟隨他了。

　　台北捷運兔的兔友經常會趕最後一班捷運回家，因為深夜乘客通常不多，這些賤兔就會藉著酒意在車廂內嬉笑怒罵。某日，一群發酒瘋的兔友在車廂內看到大叔跑馬拉松的廣告，就起鬨要找他來跑捷兔，兔友中的Austin蕭是大叔的老同事，就把他騙來了。大叔的第一次捷兔經驗是

　　在2014年的1月台北捷運兔的象山夜跑，把他整到快不行，後來我知道他來自馬來西亞，剛好沒多久就要回馬來西亞過年，就鼓勵他回去後不妨去Mother Hash或PJ Animals Hash見識一下，Fire Bird也積極幫他聯繫，沒想到PJ Animals的跑步地點竟然就在他家附近，他體驗了一次原汁原味的狂野活動回台後，捷兔魂就上身了，久久無法散去。

　　其實林史恩的專業是攝影，在各大馬拉松或越野賽事的場合，經常可以看到大叔捧著一門大砲幫選手們紀錄跑步英姿。他自己也舉辦了好幾場桃源谷馬拉松，每次都可吸引一千多名選手參加，可惜我一次都沒捧過場。在桃源谷還沒鋪石階步道建涼亭前，捷兔就已經跑過好幾趟了，何必再去湊熱鬧，況且我們也拿不到獎牌，不是嗎？

台灣各分會簡介

【白天Hash】

台北捷兔
Taipei Hash House Harriers

性別年齡限制：16歲以上男性

成立日期：1973/2/4

創會者：Don "Organ" Hammond、Zeke "Slobbo" Hoffman、Bob "Jolly Good" Jacques、Mike "Pathfinder" McFarlane

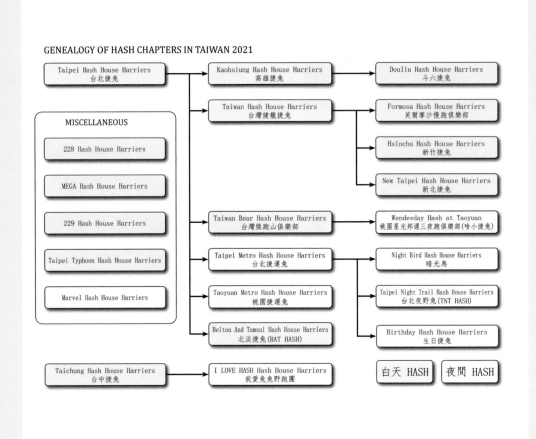

GENEALOGY OF HASH CHAPTERS IN TAIWAN 2021

Taipei Hash House Harriers 台北捷兔

MISCELLANEOUS
- 228 Hash House Harriers
- MEGA Hash House Harriers
- 229 Hash House Harriers
- Taipei Typhoon Hash House Harriers
- Marvel Hash House Harriers

Kaohsiung Hash House Harriers 高雄捷兔 → Douliu Hash House Harriers 斗六捷兔

Taiwan Hash House Harriers 台灣健龍捷兔 → Formosa Hash House Harriers 芙爾摩沙慢跑俱樂部 / Hsinchu Hash House Harriers 新竹捷兔 / New Taipei Hash House Harriers 新北捷兔

Taiwan Bear Hash House Harriers 台灣熊跑山俱樂部 → Wendesday Hash at Taoyuan 桃園星光邦週三夜跑俱樂部(啥小捷兔)

Taipei Metro Hash House Harriers 台北捷運兔 → Night Bird Hash House Harriers 暗光鳥

Taoyuan Metro Hash House Harriers 桃園捷運兔 → Taipei Night Trail Hash House Harriers 台北夜野兔(TNT HASH)

Beitou And Tamsui Hash House Harriers 北淡捷兔(BAT HASH) → Birthday Hash House Harriers 生日捷兔

Taichung Hash House Harriers 台中捷兔 → I LOVE HASH Hash House Harriers 我愛兔兔野跑團

白天 HASH　　夜間 HASH

活動時間：每週六夏令時間（4月～9月下午2:30，冬令時間（10月～隔年3月）下午3:00

活動區域：台灣北部地區

費用：NT$200

特點：已徹底本土化的捷兔團體，老外已成稀有動物，純男人的天堂，想要週末耳根清靜，不想聽女人嘮叨男人的首選，路線偏硬，平均年齡偏高，適合家庭不幸福的可憐男人，自行開車與會較多。

高雄捷兔
Kaohsuing Hash House Harriers

性別年齡限制：男女不拘

成立日期：1973/9/16

創會者：Mike "Pathfinder" McFarlane

活動時間：沒有固定，通常週六下午1:00或晚上7:00，週日的家庭跑步則為早上9:00

活動區域：台灣南部地區

費用：NT$300

特點：以生活在南部地區的老外居多，遊戲規則和北部團體有些許不同，起跑前就提供啤酒飲料，通常會分跑步（Runners）及走路（Walkers）路線，家庭日會多加散步（Strollers）路線。嚐嚐以英文為主，會員被警告把脫序行為留在捷兔就好。通常在高鐵／捷運新左營站後方或高雄圓山飯店停車場集合後，再前往跑步地點。

台灣健龍捷兔
Taiwan Hash House Harriers

性別年齡限制：男女不拘

成立日期1975/11/16

創會者：Don "Organ" Hammond、Bob "Jolly Good" Jacques

活動時間：每週日夏令時間（4月～9月）下午2:00，冬令時間（10月～隔年3月）下午2:30

活動區域：台灣北部地區

費用：男生NT$250、女生NT$200

特點：老外與本地人約各半，保留較多台灣早期捷兔風格，大部分是現做的Live Hare，嚐嚐比較開放，以英文為主，嚐嚐時不唱歌。

芙爾摩莎慢跑俱樂部
Formosa Hash House Harriers

性別年齡限制：雄性以外的任何生物

成立日期：1997/12/7

創會者：Jean "Domestic Violence" Peng

活動時間：每月一次，週六下午2:30

活動區域：大台北地區為主

費用：NT$200

特點：適合不喜歡男生的姑娘、大媽、大嬸、姨婆、阿嬤等，年輕漂亮的咩不要來，她們很忌妒，不喜歡跑步沒問題，喜歡喝酒就好。

台中捷兔
Taichung Hash
House Harriers

性別年齡限制：不限年齡、性別、性向及智商

成立日期：1998/11/8

創會者：Gerhard Hirth、Graham "The Quill" Pritchard

活動時間：每週六下午2:00

活動區域：台灣中部地區

費用：男生NT$300、女生NT$200

特點：全台唯一不是傳承自台北捷兔的團體，使用記號及規則與北部團體有些許不同，歡迎全家大小一起參加，但如果無法接受捷兔亂七八糟傳統或缺乏幽默感的家長，建議還是帶小朋友去迪士尼樂園比較適合。

新竹捷兔
Hsinchu Hash
House Harriers

性別年齡限制：男女不拘

成立日期：1999/4

創會者：Richard "Dick Hare" Fay、David "Mud to the Pud" Myers、Cocksucker

活動時間：每月一次，週六下午2:30

活動區域：台灣中北部地區

費用：男生NT$300、女生NT$200

特點：混雜中外人士，在竹科上班工程師的舒壓首選。

台灣熊跑山俱樂部
Taiwan Bear Hash
House Harriers

性別年齡限制：男女不拘

成立日期：2001/3/3

創會者：Wild Man李廷祿

活動時間：每週六下午2:30

活動區域：台灣北部地區

費用：男生NT$200、女生NT$150

特點：比台北捷兔更本土化的捷兔團體，向心力很強，有許多自創的嚕嚕歌曲，喜歡跑步爬山恩愛夫妻的首選，參加霸許人數最踴躍，因為地方媽媽可以不用回家做晚飯。

斗六捷兔
Douliu Hash House
Harriers

性別年齡限制：男女不拘

成立日期：2009/6/27

創會者：Glenn Devilliers

活動時間：每月最後一個週六，通常在下午，偶爾會有晚上的pub-crawl或Red Dress Run

活動區域：台灣中部地區，嘉義、彰化、鹿港、豐原一帶

費用：平常NT$300，有餐點、T恤或其他贈品時會酌收相關費用

特點：大部分傳承自高雄捷兔的文化，以老外為主，嚕嚕時也不唱歌，但會偶爾為之。通常會在離跑步地點較近的火車站集合。

新北捷兔
New Taipei Hash House Harriers

性別年齡限制：男女不拘

成立日期：2013/1/6

創會者：Big Tree李芳中、
Fire Bird蕭緯騰

活動時間：每週日夏令時間（4月～9月）
下午2:00，冬令時間（10月～隔年3月）
下午2:30

活動區域：台灣北部地區

費用：男生NT$200、女生NT$150、中
小學生NT$50

特點：標榜家庭捷兔，適合全家同樂，小
朋友很多，狗狗也很受歡迎，很溫馨的捷
兔團體。

北淡捷兔
Beitou And Tamsui Hash House Harriers

性別年齡限制：男女不拘

成立日期：2020/6/25

創會者：Nick "Penniless" Mayo

活動時間：每月一次，週四下午3:00

活動區域：北投到三芝一帶

費用：男生NT$200、女生NT$150

特點：標榜全部現做的Live Hare，適合退
休人士、沒人管的老闆或可以（敢）翹班
的上班族。

【夜間Hash】

台北捷運兔
Taipei Metro Hash House Harriers

性別年齡限制：男女不拘

成立日期：2003/1/1

創會者：Toothpick周淳和、
Carrier何萬豐

活動時間：每週三晚上8:00

活動區域：大台北地區捷運站附近

費用：跑步免費，留下嚐嚐霸許平均分攤
費用

特點：老外與本地人約各半，不收費所以
不提供零食飲料，參加霸許則費用平均分
攤，集合地點通常在捷運站附近的熱炒店
或海產店。

暗光鳥
Night Bird Hash House Harriers

性別年齡限制：
男女不拘

成立日期：2013/9/24

創會者：SM Machine張奇鉢

活動時間：每週二晚上8:00

活動區域：大台北地區捷運站附近

費用：跑步免費，留下嚐嚐霸許均攤費用

特點：是一個比較隱密的捷兔團體，要有
門道才可加入，成員大部分是喜歡跑步和
喝酒的年輕人，各個都能跑又能喝，團結
且向心力強。

台北夜野兔
TNT（Taipei Night Trail） Hash House Harriers

性別年齡限制：男女不拘

成立日期：2014/4/4

創會者：Puke Bull許欽松

活動時間：每月第2、4個週五晚上8:00

活動區域：大台北地區捷運站附近公園

費用：NT$100，未滿18歲NT$50

特點：提供單身男女交友平台也是創會動機之一，傳說當GM就會脫單，準確率五成以上，是喜歡跑步喝酒的曠男怨女首選。

桃園星光邦週三夜跑俱樂部
WHAT（Wednesday Hash At Taoyuan）Hash House Harriers

性別年齡限制：男女不拘

成立日期：2015/7/15

創會者：前身「桃園星光幫」Picture簡國華，變身捷兔Dick My Ass周明志

活動時間：每週三晚上7:30

活動區域：桃園小巨蛋附近

費用：男生NT$150、女生NT$100、16歲以下免費

特點：固定在桃園小巨蛋集合，第1、3、5週固定路線，第2、4週有兔子路線不同，提供餐點及啤酒飲料。

生日捷兔Birthday Hash

性別年齡限制：男女不拘

成立日期：2015/9/10

創會者：Puke Bull許欽松

活動時間：有人生日的週四晚上7:30

活動區域：大台北地區捷運站附近

費用：NT$150

特點：想在生日時和朋友一起跑步喝酒慶生的皆可來當兔子。

我愛兔兔野跑團
I LOVE HASH

性別年齡限制：男女不拘

成立日期：2015/11/27

創會者：Man juice陳志煒

活動時間：每個月2次週五晚上8:00～10:00

活動區域：台中地區

費用：男生NT$150、女生NT$100

特點：大部分是中部地區的年輕男女，本地人居多，提供餐點及啤酒飲料。

桃園捷運兔Taoyuan Metro Hash House Harriers

性別年齡限制：男女不拘

成立日期：2020/1/3

創會者：Space Man饒駿頌、Dr. Vagina Face張起維

活動時間：每月第1、3、5週的週五晚上7:30

活動區域：桃園機場捷運或是台鐵車站附近

費用：跑步免費、嗑嗑和用餐者均攤費用

特點：桃園地區兔友結束一週工作就近解放之處。路線不侷限山徑，常在田野、埤塘間奔跑，什麼都可以少，但啤酒一定夠。

附錄2

捷兔與馬拉松

台北捷兔在台灣的越野或馬拉松活動的發展歷程中，可謂是開路先峰，但當今無論任何媒體，甚至以越野或馬拉松為學術論文的著作，在介紹這些活動的發展歷史時，台北捷兔的貢獻被抹煞殆盡，毫無隻字片語。雖然台北捷兔並不在乎虛名，但歷史不容抹滅，畢竟台北捷兔也是中華民國第一屆馬拉松的主辦單位，也就是萬金石馬拉松的前身——金山馬拉松，謹藉本書讓讀者了解。

【台北捷兔迷你馬拉松】

捷兔既然是一個非營利又標榜喝酒的社交團體，為何會和馬拉松比賽扯上關係呢？針對此事，我曾和Slobbo聊過，1977年他擔任會長時，有些精力旺盛的人提出是否可以做一些長一點、沒有Check可以盡情奔跑的路，不是在比輸贏，只是在消耗旺盛的精力，先後回到終點的獎品都是冰涼的啤酒。Slobbo並不贊成把Hash搞成競賽性質，因為這和捷兔的屬性不合，此後又有人提出舉辦迷你馬拉松的事，想當然耳他也不認同，但當年捷兔裡有興趣者眾，最後只好妥協。1977年7月在他因職務關係要調往新加坡任職前夕，便已敲定要在1977年9月4日（星期日）舉辦第一屆的捷兔迷你馬拉松。

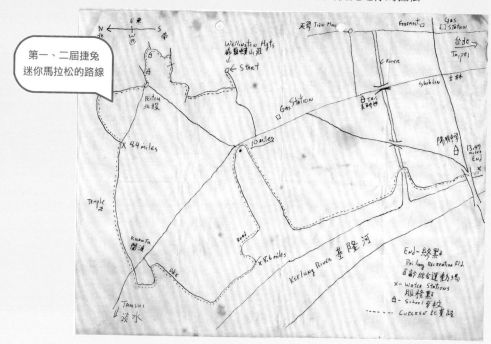

第一、二屆捷兔迷你馬拉松的路線

第一屆捷兔迷你馬拉松開放給一般民眾參加，包括女性及青少年，報名費100元。路線從威靈頓山莊起跑，經北投、關渡後，沿河堤到劍潭，終點設在百齡運動公園，總長度13.47英里（21.55公里），比半程馬拉松多一點點。第一次舉辦雖然只有約40人報名參加，但還請來當時才駕機投奔自由不到2個月的反共義士范園焱來頒獎，相當鄭重其事。

第二屆在1978年9月24日舉辦，報名人數暴增到157名，約第一屆的4倍，除了北部地區的選手外，也有來自台南、嘉義、南投、台中及新竹的跑者與會，更有4個來自沖繩的美國海軍、2個來自菲律賓及1個來自韓國的選手，可見已打出知名度。1979年9月2日第三屆的報名人數更多，衝到449名（386人完賽），很多是國外的慢跑團體前來參加，儼然已有國際賽事的雛形，由於賽道上一條通往終點百齡運動公園的橋樑在維修，因此將終點改到美國學校，交通及賽後梳洗更加方便。第四屆報名人數更高達598名（520人完賽），以當年的跑步人口而言已初具規模。鑒於捷兔是非營利性質，因此盈餘皆捐贈慈善機構，有紀錄的是第三屆的結餘款1萬元捐給中和的真光兒童復健中心，第四屆的結餘款2萬5000元捐給新店的真光教養院，以報名費100元及當年的消費水準而言，1、2萬已算不小數目。

除了第一次頒獎典禮請到反共義士范園焱外，時任中華民國田徑協會總幹事的紀政小姐，也答應前來擔任第二屆頒獎典禮的嘉賓。根據週報報導，直到典禮進行到很晚才接到她不克前來的通知，只好由美國海軍總部的Carr上校代為頒發優勝獎項，1979年第三屆紀政小姐才出席。

捷兔迷你馬拉松從此也打出名號，往後每年都有舉辦，前六屆在9月份，第七屆起改到11月份，一直辦到1987年的第十一屆後就終止了。我第一次參加捷兔是在1988年3月，離最後一次的捷兔迷你馬拉松還不到4個月，無法恭逢其盛，甚為可惜。我問過前輩為何不繼續舉辦？得到的答案是：人手不足。回想起來也許沒錯，我剛加入那幾年捷兔已回歸跑步喝啤酒的傳統，拋棄競賽性質的活動。2002年11月30日，時任台北捷兔會長的Gun Shit（簡志成）決定恢復中斷了15年的迷你馬拉松賽，改為不對外公開的會內比賽。往後每年11月份，台北捷兔均會舉辦會內迷你馬拉松，考慮年老體衰會員日眾，因此增加10公里組。

恢復中斷15年的
迷你馬拉松
（淡水2002/11/30）

【中華民國第一屆全國馬拉松公開賽】

年紀稍長的讀者應該還記得，有一位旅美華裔小朋友蒲仲強（Wesley Paul）在1978年夏季回台推廣長跑運動，從此掀起一股長跑旋風。蒲仲強在美國打破從7～12歲，除了10歲以外的5項馬拉松世界紀錄，這些保持四十幾年的紀錄恐怕永遠也不會再有人打破，因為現在很多國際馬拉松賽事都有年齡下限，不允許青春期以下的小朋友與賽，以免揠苗助長。

在蒲仲強旋風之前，台灣人平時沒事會跑步的大多是為了參加比賽的選手，為健身而跑步的寥寥無幾，所以除了各級政府舉辦的運動會外，並無民間團體舉辦馬拉松賽事，頂多是5到12公里左右的越野賽，當年把不是在操場跑的均稱為「越野」，應該是從英文Cross Country翻譯過來的，後來才改稱「路跑」，與現在的越野賽是兩碼子事；以當時跑者的功力而言，台北捷兔舉辦的迷你馬拉松算是有點強度的。

1977年，「飛躍的羚羊」紀政從美國回台接任田徑協會總幹事一職，趁著蒲仲強熱，她也積極推動台灣的跑步風氣，增強國人體魄，因此辦了很多所謂的「越野」賽事，大部分都是10公里左右的路跑，一些喜歡跑步勝過喝酒的捷兔人也常成群參加，紀政與捷兔的老外沒有語言隔閡問題，所以和捷兔就有了互動。

1979年Guru擔任台北捷兔會長，一上任就宣布將在1979年3月18日，與田徑協會聯合舉辦馬拉松賽，根據參加過這次比賽老兔友的說法，合作原因是因為台北捷兔有辦過馬拉松的經驗，雖然只是迷你馬拉松，但是規格和過程與全馬並無二致，種種跡象顯示，此賽事幾乎都是由台北捷兔處理，包括贊助單位也是捷兔人的關係。

> 1979年初的週報，除了描述14個捷兔會員去參加關西11.5公里的路跑賽外，也宣布即將舉行的42公里馬拉松

HSINCHU 11.5km RUN There were 14 THHHers among some 700 runners competing in a 11 country race at Kuanhsi township in Hsinchu County, comprising the fourth of a sev tournament sponsored by the Taiwan Track and Field Association on Sunday January 7 started at 2pm at the Kuanhsi Farm School. Participants finished four kilometers of asphalt road before running on a 3.5km mountain path and returning to the asphalt road. Some of the THHHers times were: Kit Villears, 45:59.4; Steve Yancey, 46:16.4, Tom Turner, 49:27.7; Chet Smith, 49:30.8; Dave Bond, 54:40; Ami Blachman, 57:40; Bob Morgan, 59:41.9; Phil Cartwright, 59:51.5; J S Kang, 61:55.3; Bill Lowery, 62:20.7; Dave Farn, 64:31.5; Gordon Boyce, 66:02.8; Jim Starkey, 72:01.8; and Johnny Chang, 82:35. The next leg of the tournament will be held at Kotsuko, Wufeng Village in Taichung County, January 28th, contact Chet Smith (701-2111 ext 2494 or Bill Lowery (701-2111 ext 2289) to sign-up.

THHH & TTFA MARATHON (42km) MARCH 18 1979 - RUNNERS PREPARE !

HASH RUGBY vs Taipei Outsiders, Sunday, 12 Noon, at Taipei American School, Shih Lin January 14th. Dress: White shirts - otherwide anything O.K. Appearances for this is not too serious, bash would he highly appreciated by at least the following: Kit Villiers. Anyone who shows up will be guaranteed at least a guest appearance for the Hash. Any additional information desired: contact - Coach Kit Villiers, 752-8218.

中華民國第一屆全國馬拉松公開賽公告

Bamboo譯

「中華民國田徑協會」已聯合「台北捷兔（國際捷兔會的一員）」舉辦第一屆中華民國全國馬拉松公開賽。

馬拉松，這項設定為26英里385碼（42公里）距離的跑步，被規劃來提升本土中長跑的運動風氣，亦即訓練能夠跑完全馬，對長跑跑者而言，也許是一種最大的試煉挑戰。

中華民國田徑協會很驕傲地在此項大膽的活動與台北捷兔合作，捷兔本身就已是跑步的象徵，帶來的回報就是成績與友誼，台北捷兔大約有100個成員，精神上就是真正的國際性，會員來自本地、美國、英國、愛爾蘭、法國、瑞士、荷蘭、丹麥、土耳其、南非、以色列、印度、澳洲、紐西蘭、加拿大、日本等，每個禮拜跑一次，平均約1小時，捷兔跑步最有趣之一就是路線不斷變化，每次跑步都能帶來享受全島自然風光的全新機會，友情的建

> 英文賽事公告

ANNOUNCING THE FIRST NATIONAL MARATHON IN THE REPUBLIC OF CHINA

The Chinese Track and Field Association has joined with the Taipei Hash House Harriers - one of a whole-wide chain of "Hashes" - to stage the first ever nationwide Marathon to be held in the Republic of China.

The Marathon, which is always run over a set distance of 26 miles 385 yards (42 kilometers) is being organized to augment the already rising popularity of middle and long distance running by setting to local athletes what is perhaps the most testing challenge to a distance runner - that is, to train for and successfully complete the full marathon distance.

The CTFA is proud to cooperate in this venture with the Taipei Hash House Harriers. The "Hash" has always stood for running for its own sake, for the rewards that it brings of achievement and comradeship. The Taipei Hash has a membership of about 100, and is truly international in spirit, having members from the ROC, the USA, UK, Ireland, France, Switzerland, Holland, Denmark, Turkey, South Africa, Israel, India, Australia, New Zealand, Canada, Japan etc.. Runs are held once a week, and average about one hour in duration. One of the greatest pleasures of Hash Runs is that the trails are constantly varied, and each run gives new opportunities to enjoy to the fullest the natural beauty that abounds throughout this island nation. Friendships are established irrespective of colour or creed, and the atomosphere of good spirit contrasts starkly with the political problems which often prevent outstanding athletes from competing in the international arena through no fault of their own.

The town of Chin Shan has been chosen as the starting site for the inaugural marathon. The runners will proceed along highway 102 to San Chih, and then return to Chin Shan the same way. The course is not too hilly, and should be cooled by sea breezes.

Starting time will be 10 A.M. on Sunday 18th March 1979. A NT$100 entry fee will go towards defraying post race activities. In this connection THHH would like to thank Chris Zogg, an active Hash runner, whose company Jacky Maeder Ltd., the Swiss forwarding agent, has kindly agreed to sponsor the race.

Individuals should deposit NT$100.00 at any post office to postal Acc. No. 101977 to enter, giving name, sex, age and full postal address. Deadline will be 28th February, 1979.

All interested persons are invited to participate, but it is suggested that those who have not trained adequately will find it too difficult to complete. Trophies will be awarded for male age groups as follows:

```
Up to              29        Elite
            30 - 39          Veterans
        40 and older         Masters
Women(all ages) will form a separate division
```

All finishers of the event will receive a specially designed T-shirt and an official certificate of completion.

Note: Check in time is one hour before the race, which will start from the Chin Shan Youth Camp.

立與膚色、信仰無關。

金山被選為首次馬拉松的起跑點，選手沿著102號公路跑到三芝，再原路折返。賽道起伏不大，海風應該會令人感覺涼快。

起跑時間是1979年3月18日星期日早上10：00，100元的報名費是用來支付比賽活動費用，在台北捷兔方面要感謝熱心的兔友Chris Zogg，他任職的瑞士物流公司Jacky Maeder Ltd.答應贊助本賽事。

個人報名可將100元存入郵局帳號101977，並附上姓名、性別、年齡及地址完成報名手續，1979年2月28日截止。

任何有興趣的人皆可報名參加，但沒充分訓練可能很難完賽，獎品依據以下分組頒發。

29歲以下 菁英組

30～39歲 老兵組

40歲以上 大師組

不分年齡 女子組

所有完賽者皆可獲得特別設計的T恤一件及官方完賽證明。

注意：起跑前1小時檢錄，金山青年活動中心。

這份資料已有中文翻譯，但把Sponsor譯成主持人有點奇怪

MARATHON 18TH MARCH, 1979
一九七九年三月十八日馬拉松

Chris Zogg (Jacky Maeder)

START:
8-9 a.m. at Chin Shan Youth Camp. Note: now you will receive only the rules (in Chinese) through the mail; you collect number and sign waiver at check-in desk. Bring safety-pins and look out for VERNON SHEARER to assist with procedures.

COURSE:
Out and back along route 102. Turn around point is now on-on up hill past Baisawan.

DRINKS:
MIKE DALEY and his team of shaujes (thanks to DAN BAUER & Fu-ron University) will be on top around the course. water only. VERNON will be selling beer at NT$20.00 at the end of run.

PACING:
Not allowed. Please let VERNON, GURU, CHI-CHENG know if you suspect violations.

CERTIFICATES:
If you finish under 5 hours you will receive attractive certificates of completion signed by CHI CHENG and the Grand Master (GURU, in case you didn't know).

SUPPORTERS:
Very welcome. Plenty of parking at Youth Camp, and refreshments will on sale at their snack bar. There is also plenty of cover in case of rain.

難忘的金山馬拉松——by Express

Bamboo譯

經過數月的準備後，這一天終於到來了，濕、冷，適合待在家裡火爐旁的日子。睜開惺忪雙眼望往窗外，心想我是不是還在睡夢中，怎麼會有這麼悲慘的天氣？很顯然Guru和Friar Tuck並沒受多大影響，縱使雨下得像雨神倒水一般。

兔友們在FRA（海軍後備軍人協會）集合，搭車前往金山，每一個人都在抱怨，一個絕望的兔友嘟嚷著：「為什麼有人願意花錢在這種鬼天氣去跑42K？」

人員到齊後，驅車前往起跑點金山青年活動中心，我們的精神並沒有因而變好。雨從沒停過，整個賽程因強風的吹襲，保證跑者絕不會過熱。這是我們很多人的初馬，但心情並不嗨。

最後一刻塗了一些藥膏及熱身後，大家移往外面的起跑線，有些人被突如其來的起跑槍聲驚嚇到，但這並不影響一些中國人以400米短跑的速度衝出，這些兔崽子很快就被追過了，直到終點都沒再見到他們的影子。

隨即，下山坡後穿越金山市區，過金山後開始沿著海岸線跑，既濕又冷。但最讓所有選手意想不到的是強風對著後背猛吹，可回程就悲劇了，很多人前半段都破了紀錄，但回程就燒光了。

Friar Tuck叫一些學生（輔仁大學）來水站幫忙，這些漂亮的姑娘和水一樣令人心曠神怡，很多人在第一水站沒有喝水，等他們感覺需要時為時已晚。

1979年台北捷兔年刊裡登載一篇描述第一屆馬拉松的「慘況」，試譯分享讀者

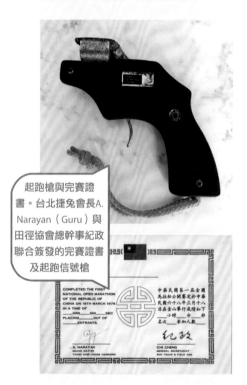

起跑槍與完賽證書。台北捷兔會長A. Narayan（Guru）與田徑協會總幹事紀政聯合簽發的完賽證書及起跑信號槍

The Unforgettable Jin Shan Mara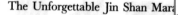

by Express

After months of preparation the day had finally arrived, wet, cold and a day that would have been just perfect to stay home by the fireplace. When I first opened my eyes and sleepily looked out the window I thought that I was still dreaming. How could a day be so miserable? Apparently Guru and Friar Tuck didn't have much influence with the rain god because rain was pouring down.

The hashers met at the FRA for the ride to Jin Shan. Complaints were heard from everyone. One disillusioned hasher was heard to mumble, "why does anyone want to run 26 miles at this ungodly hour, and we even pay to do it."

After everyone arrived we drove to Jin Shan Youth Hostel, the start, our spirits weren't any better. The rain had not stopped and along the course there was a stiff wind that promised to keep runners from overheating. For many of us this was to be our first marathon and our spirits were not very high.

After last minute applications of balm and a few excercises, everyone moved outside to the starting line. When the gun went off some people were caught by surprise but it didn't matter as the Chinese were off like they were running a 400 meter dash. Those rabbits were soon caught and were not to be seen again until they finished.

Soon it was down a hill and through the city of Jin Shan. Shortly after Jin Shan we started our run along the coast and it was cold and wet. But what most runners didn't realize was that the wind was blowing at our backs and when we came back it would not be as fun. Many runners set new records for the first half and then burned out on the return trip.

Friar Tuck had talked some of his students into helping at the water stops. The pretty girls were almost as welcome a sight as the water. Many people made the mistake of not taking water at the first stops and when they felt they needed it it was too late.

The first half of the race was rather uneventful as a small group of about six or seven hashers ran together until just before the halfway point when Chris Zogg and Alan Edwards started to really run. Chris and Alan were not seen by the rest of us mortal runners until we finished. Both of these runners finished in the top ten in their division and were among the first thirty-five finishers.

After the half-way point it was, to put it simply, MISERABLE. It seemed that the harder you ran the harder the wind blew and the less ground you covered. I wanted to stop but it hurt more to stop so I continued on at a pace that can best be described as a fast shuffle.

The Jin Shan Hostel seemed to be light years away. The more I ran the less I cared if I hurt or not I only wanted to finish and get into a hot shower. I kept telling myself how it would feel to get into a hot shower and dry clothes.

As I rounded the turn away from the coast and headed for Jin Shan I could see Chet Smith ahead and I caught him then he passed me and then I finally caught him as he had leg cramps. He still finished less than a minute behind me not any small accomplishment. Chet also was the man that really got marathoning going in Taiwan and all serious runners here in Taiwan owe Chet a thank you for getting it all going.

There were many other individual stories that have been told many times since the marathon in Jin Shan but I think that everyone who participated will agree it was an unforgettable marathon.

List of Finishers in 1979 Jin Shan Marathon

31	Alan Edwards	3:18
33	Chris Zogg	3:23
39	Kit Villiers	3:28
67	Dean Windham	3:45
70	Chet Smith	3:46
77	Steve Yancey	3:51
91	Dave Bond	4:03
105	Tom Turner	4:10
108	Jeff Stewart	4:12
116	Dan Bauer	4:18
119	Bob Morgan	4:19
138	Ken Snell	4:26
176	Bill Lowery	4:39
210	Mike Cottingham	4:54

COMPLETED THE FIRST NATIONAL OPEN MARATHON OF THE REPUBLIC OF CHINA ON 18TH MARCH 1979 IN A TIME OF
HRS_ MIN_ SEC_
PLACING_ OUT OF _ENTRANTS.

A. NARAYAN
GENERAL MASTER
TAIPEI HASH HOUSE HARRIERS

CH CHENG
GENERAL SECRETARY
ROC TRACK & FIELD ASS.

中華民國第一屆全國馬拉松公開賽定於中華民國六十八年三月十八日在金山舉行成績如下：
小時　合　秒
名次　參加人數

比賽的前半段兔友們表現得不是十分穩定，有約6、7人的捷兔小團體跑在一起，直到過折返點後Chris Zogg和Alan Edwards才開始邁開步伐，從此我們這些凡夫俗子直到終點前，再也沒看到他倆的車尾燈。他倆都在分組前10名，總成績也在前35名內。

過了折返點後只有兩個字可以形容——淒慘。感覺跑得越快風吹得越強，腳步越少著地，想停住但停止更痛苦，只好繼續拖著步伐，快步前行。

金山活動中心感覺像一光年那麼遠，越跑我越不是擔心是否會受傷，只想著趕快結束這一切，沖個熱水澡；我不斷的告訴自己沖個熱水澡、換上乾衣服的感覺。

繞過海岸線那個大圈往金山前進時，我看到前方的Chet Smith，我追上他，他又超過我，後來我又追上他，因為他腳抽筋了。最後他只慢我不到1分鐘就回到終點，確是不小的成就。Chet同時也是台灣馬拉松運動的推動者，台灣熱愛跑步的人欠Chet一個感謝。

金山馬拉松後很多個人的故事不斷地被聊起，無論如何，所有參加過的都同意，這是一次「難忘的馬拉松」。

交流活動

① 988年當我參加了台北捷兔沒多久，我師父問我要不要去參加在印尼峇里島舉行的國際捷兔聯誼大會Interhash，台北捷兔將組團參加。我連捷兔是什麼都還搞不清楚，遑論國際捷兔大會，就略過了。2年後，Interhash在菲律賓的馬尼拉舉辦，距離台灣很近，旅費相對便宜，跑了2年捷兔，也玩出了興趣，就朝聖去了。第一次參加台灣以外的捷兔跑步，大開了眼界，從此一發不可收拾。

【Interhash國際捷兔聯誼會】

Interhash從1978年在香港舉辦第一屆後，每2年就舉辦一次，到2018年共舉辦了21屆，2020年加勒比海的千里達爭取到主辦權，但因疫情關係延到2022年，後續如何尚未可知。

Interhash舉辦地點的選擇類似奧運會，由有興趣主辦的城市報名角逐。早期由與會的GM們表決，由於Hash組織很鬆散，GM的認定全憑自由心證，所以主辦權的取得存在很多人為操作空間。2004年在英國威爾斯首府卡地夫（Cardiff）舉辦時，就改為參加者一人一票選出次屆的主辦城市。

從1990年到2018年間，我共參加了9次的Interhash，跳過的幾次各有不同原因，1992年在泰國普吉島舉行的Interhash因為我已參加了1991在印尼萬隆舉辦的泛亞捷兔聯誼會（Pan-Asia Hash），「扣達」用玩跳過；1996塞浦路斯不知道怎麼去，無法參加；2006年雖然報了名，但因出發前一天臨時有事，幾萬元的團費及報名費只換回兔友幫忙帶回的贈品。

地雷1：2010年古晉主辦的 Interhash

2010馬來西亞的古晉就有故事了，2008年參加在沖繩舉辦的全日本Japan

Interhash年表（★是筆者參加過的）

年份	主辦城市	日期	參加人數
1978	香港 Hong Kong	3月24～26日	約800
1980	馬來西亞・吉隆坡 Kuala Lumpur, Malaysia	4月4～6日	約1200
1982	印尼・雅加達 Jakarta, Indonesia	10月30～31日	約1300
1984	澳洲・雪梨 Sydney, Australia	4月20～22日	約1400
1986	泰國・芭達雅 Pattaya, Thailand	3月28～31日	2143
1988	印尼・峇里島 Bali, Indonesia	7月1～4日	約3600
★1990	菲律賓・馬尼拉 Manila, Philippines	3月16～18日	約1600
1992	泰國・普吉島 Phuket, Thailand	7月3～5日	約2700
★1994	紐西蘭・羅托魯瓦 Rotorua, New Zealand	2月25～27日	報名3847，出席約3400
1996	塞浦路斯・利馬索 Limassol, Cyprus	6月7～9日	報名3302，出席2992
★1998	馬來西亞・吉隆坡 Kuala Lumpur, Malaysia	10月2～3日	約5800
★2000	澳洲・塔斯曼尼亞・荷巴特 Hobart, Tasmania, Australia	2月25～27日	約3800
★2002	印度・果亞 Goa, India	9月27～29日	約2600
★2004	威爾斯・卡地夫 Cardiff, Wales	7月23～25日	報名4839，出席4549
2006	泰國・清邁 Chiang Mai, Thailand	10月27～29日	報名5934，出席5670
★2008	澳洲・西澳・伯斯 Perth, Western Australia, Australia	3月21～23日	4500
2010	馬來西亞・婆羅洲・古晉 Kuching, Borneo, Malaysia	7月2～4日	未知
★2012	印尼・中爪哇・婆羅浮屠 Borobudur, Central Java, Indonesia	5月25～27日	報名4557
2014	中國・海南 Hainan, China	3月14～16日	報名4000
★2016	印尼・峇里島 Bali, Indonesia	5月20～22日	約4500
2018	斐濟 Fiji	5月24～27日	約2000
2020	千里達及托巴哥 Trinidad and Tobago	4月23～26日	疫情取消

Nash Hash時，已得知古晉取得了2010年Interhash的主辦權，便向來自東馬的美里捷兔（Miri Hash）兔友打探消息，順道恭喜東馬取得主辦權。不料得到的答案出乎我的意料之外，他們竟然都不支持也不會參加2010的Interhash，理由是爭取主辦者動機不單純。

美里捷兔兔友說法讓我想起2008年的Interhash在澳洲伯斯（Perth）舉辦時，已連續3次爭取主辦權的肯亞本已勝券在握，沒想到半途殺出程咬金，古晉用T恤換選票，不是很磊落地拿到主辦權，於是我就放棄了。果不其然，參加回來的兔友都說踩到地雷。

隔屆2012年的Interhash在印尼日惹舉辦，我參加了從雅加達出發的捷兔火車到日惹；在火車上，日惹的主辦單位發傳單給所有兔友，控訴前屆的主辦單位古晉尚未移交開辦費用。

所謂開辦費，就是每屆主辦Interhash的單位必須預留開辦費用給下一屆，大約在台幣100萬元左右，古晉拖了2年還沒移交，連同車的馬來西亞兔友都說很丟臉，從維基百科節錄下來的Interhash舉辦城市及參加人數統計，古晉舉辦的2010Interhash參加人數竟然是「未知」，可見問題重重。

地雷2：2014年海南主辦的 Interhash

2014年在中國海南舉辦的Interhash也是大地雷。由於日惹的Interhash舉辦得很成功，因此當時爭取2014年主辦權的除了中國海南、比利時布魯塞爾外，還有最後爭取到2018年主辦權的斐濟。台灣人大部分都投布魯塞爾，馬來西亞華人為了替祖國爭光，所以大部分都支持海南。以人數比例而言，Interhash只要獲得了馬來西亞人的支持就會當選，尤其是在東南亞舉辦時。

活動第二天在跑步的車上我和一位海南的Hasher同車，我問他：「你們爭取舉辦這項活動有獲得政府的支持嗎？」他說他們有去找過，官老爺們說爭取到再說，我說這樣你們也敢辦？他沉默以對。

通常爭取到主辦權的單位都是欣喜若狂，但當年宣布2014 Interhash由海南島舉辦時，海南代表個個面無表情，感覺像是被趕鴨子上架，我當場就決定跳過，縱使有早鳥優惠。果然，聽參加2014 Interhash回來的兔友說，主辦者在晚會結束後就被警察帶走了。

2016年印尼峇里島第二次拿到主辦權，相信有報名參加的兔友，都有收到一封主辦單位追討海南島開辦費的公開信，警告若不在期限內將開辦費匯給主辦單位，就不再讓中國Hasher參加以後的Interhash活動，並沒收Interhash 2016的報名費作為補償。

走過四十幾年的Interhash已逐漸走樣，我參加的興致就漸漸熄火了。

【Pan-Asia Hash 泛亞捷兔聯誼會】

Pan-Asia Hash泛亞捷兔聯誼會和Interhash一樣，也是每2年舉辦一次，與Interhash錯開，在單數年舉辦，規模比Interhash小，參加人數約只有Interhash的一半，有時甚至不足千人。我只參加過1991年在印尼萬隆舉辦的那次，感覺性質與Interhash差不多，就興趣缺缺。台灣熊跑山協會曾經試圖爭取2019年的主辦權，可惜敗給了中國張家界。為了對眾多的早鳥報名者有所交代，台灣熊就以Asia United Hash（亞洲聯合Hash在桃園）的名稱舉辦。

無獨有偶，爭取2021年Pan-Asia Hash主辦權失利的馬來西亞霹靂洲的幾個Hash團體，竟也依樣畫葫蘆，以第二屆Asia United Hash的名稱堅持舉辦，看起來以後單數年會有2場，選贏的Pan-Asia，選輸的Asia United。

Pan-Asia Hash年表

年份	主辦城市	年份	主辦城市
1987	新加坡 Singapore	2005	馬來西亞·古晉 Kuching, Malaysia
1989	馬來西亞·八打靈再也 Pataling Jaya, Malaysia	2007	印尼·棉蘭 Medan, Indonesia
1991	印尼·萬隆 Bandung, Indonesia	2009	菲律賓·安吉利斯市 Angeles City, Philippines
1993	新加坡 Singapore	2011	印尼·萬隆 Bandung, Indonesia
1995	馬來西亞·古晉 Kuching, Malaysia	2013	泰國·芭達雅 Pattaya, Thailand
1997	印尼·雅加達 Jakarta, Indonesia	2015	印度·朋迪榭里 Pondicherry, India
1999	澳洲·伯斯 Perth, Australia	2017	韓國·江原道束草 Sokcho, Gangwan, South Korea
2001	馬來西亞·蘭卡威 Langkawi, Malaysia	2019	中國·張家界 Zhangjiajie, China
2003	馬來西亞·吉隆坡 Kuala Lumpur, Malaysia	2021	印尼·龐岸達蘭 Pangandaran, Indonesia

【全台聯合跑步】

Inter Island Hash（IIH）

　　很多有捷兔會的國家或區域，大都會定期舉辦全國性聯誼活動，例如日本的Japan Nash Hash、印尼的Panindo Hash、美國的Nash Hash USA、紐西蘭的NZ Nash Hash等。至於台灣也曾經舉辦過全島的Hash聯誼活動，稱為Inter Island Hash。

　　1983年3月26日，台北捷兔邀請高雄及健龍捷兔參加台灣首次Inter Island Hash（IIH），當年全台灣也就只有這3個團體，跑步集合點在國華高爾夫球場；第二年10月20日高雄捷兔作東，台北及健龍捷兔搭乘一部遊覽車南下墾丁參加第二屆的IIH；1985年4月6日第三屆又回到台北辦理，然後就沒有了，此3次IIH都是2天的活動。

　　問過Solobbo為什麼不繼續交流下去，他說高雄捷兔覺得北部的Hasher沒有規矩，有些人在Bash時，喜歡將濕毛巾（おしぼり）丟來丟去，有時裡頭還包著菜渣，把餐廳搞得杯盤狼藉，常被列為拒絕往來戶，高雄捷兔比較紳士，不想一起玩。我剛參加捷兔的前幾年，還有幾個老外有這種壞習慣，幾經抗議後就很少再發生了。

All Island Run（AIR）

　　此後台灣的捷兔團體就沒有定期的全國性Hash聯誼活動，直到2008年Penniless（Nick Mayo）以其在China Hash辦理Down Island的經驗及規模，於2008年4月19日以台北捷兔名義召集全台各捷兔團體，在苗栗舉辦名為「All Island Run」的全島特跑，簡稱為AIR，並訂立舉辦原則，希望往後每年由台灣的各會輪流主辦，Penniless擔任當然的協調人（Coordinator），AIR於焉成立。

　　經過兩輪13年的活動後，AIR運行已穩定順利，2020年底Penniless感覺自己已年老體衰，有意交棒，問我願不願意接下AIR協調人的工作，鑒於AIR協調人只是在每次活動後宣布下次舉辦單位，以及若有團體不克接辦，調整一下次序而已，沒什麼繁重事情要做，就答應了。

All Night Trail Run（ANT Run）

　　不讓白天捷兔專美於前，夜間捷兔團體也見賢思齊，在2016年由我愛兔兔野跑團（I LOVE HASH）的創辦人Fisher發起全台夜間捷兔團體的聯誼活動。

　　這個聯誼活動原本命名為「The United Night Hash」，後經筆者建議仿效AIR，改為「All Night Trail Run」，簡稱「ANT Run」螞蟻特跑，獲得一致贊同，後來Cat Man認為「All Night Taiwan Run」比較威猛，簡稱一樣是ANT Run，就定案使用。

　　第一次螞蟻特跑由各會協力合作完成，第二屆開始輪流主辦。

AIR年表

年份	主辦單位	日期	地點
2008	Taipei Hash	4月19日	苗栗銅鑼九湖村
2009	Kaohsiung Hash	4月18日	高雄田寮月世界
2010	Taiwan Bear Hash	4月24日	苗栗三義到通霄
2011	Hsinchu Hash	6月11日	新竹芎林飛鳳山
2012	Taichung Hash	6月16日	台中和平谷關
2013	China Hash	4月20日	苗栗通宵福龍宮
2014	Taipei Hash	4月26日	苗栗頭屋明德水庫
2015	Kaohsiung Hash	4月18日	台南龍崎
2016	Taiwan Bear Hash	4月16日	新竹新埔寶石國小
2017	Hsinchu Hash	4月15日	苗栗頭份尖山，永和山水庫
2018	Taichung Hash	4月21日	南投草屯
2019	China Hash	4月20日	苗栗通霄
2020	New Taipei Hash	10月10日	新竹橫山
2021	Taipei Hash	4月24日	苗栗通霄到後龍，台灣水牛城
2022	Kaohsiung Hash	4月23日	雲林斗六（因疫情延期）
2023	Taiwan Bear Hash	未定	未定

ANT Run螞蟻特跑年表

年份	主辦單位	日期	地點
2016	Taipei Metro Hash	6月10～11日	宜蘭礁溪
2018	I Love Hash	7月7～8日	台中清水
2019	Birthday Hash	6月28～30日	屏東墾丁
2020	TNT Hash	10月9～10日	苗栗
2021	WHAT Hash	6月26～27日	宜蘭頭城農場
2022	Taipei Metro Hash	6月25～26日	苗栗三義

AIR Hash舉辦原則

- AIR is a one day Saturday event for Taiwan hashers and their immediate friend.

（本活動是為台灣的跑者及其親近的朋友所設的星期六跑步活動）

- Events are hosted by eligible hashes in rotation on a continuing cycle. The cycle ends immediately after the conclusion of the event of the final hosting hash in the cycle.

（本活動是由符合資格的Hash，按照順序輪流舉辦，一輪以該輪最後一個主辦Hash活動結束後即結束）

- Eligible hashes are daytime hashes that run at least monthly.

（符合資格的Hash是白天跑步團體且至少1個月跑一次）

- The host hash is responsible for determining a date mutually suitable to all hashes on the island.

（當年度負責舉辦的Hash應聯繫所有Hash團體協調出適當之日期）

- Determination and announcement of the event date, location and general logistics should be made by Jan. 31 of that year's event.

（負責舉辦的Hash應於當年度1/31前將該活動的日期、跑步地點、交通等資訊公告出來）

- The run site will preferably be no more than 3 hours drive from any hash（i.e. south of Hsinchu and north of Chiayi if on the west coast）.

（跑步地點應以任何Hash團體花費不超過3小時車程時間為主〔以台灣西部為例，即新竹以南、嘉義以北〕）

- The trails should not have been used for a previous event; There should be one run unless numbers increase beyond the point where this is feasible（e.g. in excess of 500 participants）.

（跑步路線不可重複使用之前的路線；跑步路線以1條為主，除非人數眾多〔如超過500人〕，則另案處理）

- A trail length of no more than 1 1/4 hours for front runners and 2 hours for the last people（inc. walkers）is preferable, if necessary achieved by a long/short split. It is advisable that the early part of the run be on wider trails so that the pack can settle into its natural formation with faster runners able to reach the front. Runs with large sections of narrow hiking trails are unsuitable.

（跑步以跑者不超過1小時25分，走路的人不超過2小時為適當時間，如必要的話，路線可分長短。建議最前面以路面寬廣的路線為佳，讓跑得快的跑者跑在前面，可以自然地解決擁擠狀況。狹窄的登山步道不適合大型跑步活動）

- The event schedule should allow for at least 2 hours of down downs after the runners return.

（本活動的Down Down時間須至少為2小時）

● Down downs should include the participation of GMs of all hashes.

（所有Hash的GM必須輪流出來主持Down Down）

● The hosting hash schedule will rotate in an established cycle unless a hash wishes to decline as host in which case the next scheduled host will take over.

（所有Hash團體均舉辦過AIR後，應按此方式每年輪流負責舉辦，除非當年度Hash自動放棄，則下一年度負責舉辦的Hash團體應接手）

● A decline to host will be considered absolute. The next opportunity to host will be at that hash's regular place in the cycle. I.e. A hash may not ask to defer its hosting.

（如果Hash婉拒舉辦應負責舉辦AIR之年度時，該Hash團體下一次舉辦AIR的機會必須等其他Hash團體均舉辦過後才可）

● The GM of a new daytime hash, or the GM of an eligible hash that has not previously hosted, may request inclusion as an AIR host after 3 years of continuous participation in AIR. All additions will take place at the end of the then current cycle.

（新白天Hash團體的GM，或符合資格但還沒舉辦過本活動的Hash團體GM，必須連續參加3年度的

AIR才有權利提出舉辦AIR之要求，但還是必須等其他Hash團體均舉辦過一輪之後得以參與）

● Promotion of the event should be limited to Taiwan hashes. It is not intended to be an interhash style event.

（宣傳活動以對台灣Hash團體為限，本活動並非海外跑步性質活動）

● Discussions or comments concerning AIR should take place on the AIR FB page.

（AIR相關事項的討論或意見應在AIR臉書專頁上交流）

● If required, additions or changes to these guidelines will be considered at a meeting of eligible hash GMs at the next AIR. Any such proposed amendments must be submitted by an eligible hash GM and circulated to all hashes or posted on the AIR FB page one month before the AIR.

（AIR舉辦準則的增加或改變，將視需要在下一次AIR符合資格Hash團體的GM會議中提出；任何該等修訂提議須於AIR活動前1個月分發傳閱予所有Hash團體，或公告於AIR臉書專頁上）

● If interpretation of these guidelines is required, the AIR Coordinator's decision is final.

（如果對本原則有疑慮，則應以AIR協調人的解釋為主）

2011年AIR
（新竹芎林飛鳳山）

2008年AIR
（苗栗銅鑼九湖村）

2012年AIR
（台中和平谷關）

2013年AIR
（苗栗通宵福龍宮）

2009年AIR
（高雄田寮月世界）

2010年AIR
（苗栗三義到通宵）

2014年AIR，
（苗栗頭屋明德水庫）

2015年AIR
（台南龍崎）

2016年AIR
（新竹新埔
寶石國小）

2017年AIR
（苗栗頭份尖山，
永和山水庫）

2021年AIR
（苗栗通霄到後龍，
台灣水牛城）

2019年AIR
（苗栗通霄）

2020年AIR
（新竹橫山）

2018年AIR
（南投草屯）

【Red Dress Run】

第一次見識到Red Dress Run（紅洋裝跑步）是在2000年的Interhash，我和Car Park沒有跟台北捷兔的團體，提早到達澳洲塔斯曼尼亞的首府荷巴特（Hobart），報到時剛好碰到Red Dress Run正在集合，本以為是Interhash的活動之一，湊巧大會的贈品裡有一件紅色雨衣，於是兩人就套上雨衣，跟著一群穿著紅洋裝的男男女女，一起逛荷巴特的大街小巷，後來才知道這是要另外報名的慈善跑步活動。

Red Dress Run已成為Interhash的標準配備，通常在大會正式活動開始的前1、2天舉行，除了跟團參加Interhash外，自己安排行程時，我都會報名參加Red Dress Run。

Red Dress Run的起源

根據Hash的傳說，1987年有一位叫Donna Rhinehart的女生去加州拜訪高中好友，被好友帶去參加當地的Long Beach Hash，她完全不知道Hash是什麼性質的團體，只知道有啤酒喝，所以穿了一件紅洋裝就就去了，在被嘲弄一番後，她索性就穿著紅洋裝及高跟鞋跟著跑完全程；會後的活動更讓她著迷，因此便要求好友帶她去見識更多的Hash，在跑完附近的3個Hash後，她才在最後一刻心不甘情不願地被拖去機場搭機回家。這3個Hash團體稱她為「The Lady In Red」，不久她搬去德州休士頓。

第二年，她收到加州聖地牙哥Hash寄來一張機票，請她參加特別以她名義舉辦的第一屆紅洋裝跑步「Red Dress Run」，消息傳遍加州海岸線，全加州的Hash團體無論男女都會穿紅洋裝前來參加，此次活動吸引了數百人，當地的報紙及電視也都有報導。她在第一次紅洋裝跑步典禮的歡迎致辭中，建議將活動盈餘捐作慈善用途以提升Hash形像，此舉奠定了紅洋裝跑步活動的公益慈善性質。這個活動很快傳布全世界，尤其是2010年在紐奧良舉辦的Red Dress Run，參加人數估計約在8000到1萬人之間，紅通通人群布滿大街小巷，光憑想像就覺得很壯觀。

Red Dress Run（Interhash 2004 Cardiff, Wales）

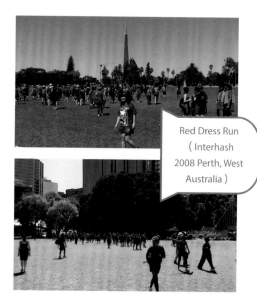

Red Dress Run
（Interhash 2004
Cardiff, Wales）

Red Dress Run
（Interhash
2008 Perth, West
Australia）

台灣也有Red Dress Run

在台灣也經常舉辦Red Dress Run，早期把Red Dress Run翻譯成「紅衣跑步」，參加者只是穿上紅T恤、紅褲子來跑步，與正統盛裝打扮的紅洋裝跑步相去甚遠，頂多只是在過年期間添添喜氣而已。後經我大力鼓吹Red Dress Run應該叫「紅洋裝跑步」才符合原由，才漸漸被接受。台北捷兔的Red Dress Run乏善可陳，倒是近年夜間捷兔團體的年輕人觀念比較開放，見識也較廣，充滿青春活力，已漸漸能將Red Dress Run玩出精髓了。

Red Dress Run
（Interhash
2008 Perth, West
Australia）

Taichung Hash 555th
Run（2011/5/7）

Taichung Hash 444th Run（2008/8/16）

TNT Hash 2019 Red Dress Run

TNT Hash 2014 Red Dress Run

TNT Hash 2014 Red Dress Run

China Hash（2020/12/6）

【化裝跑步】

　　除了紅洋裝跑步外，台北捷兔也舉辦過化裝跑步，化裝跑步通常與家庭跑步一起舉辦，全家一起搞怪。紅洋裝和化裝跑步通常在市區或老街舉辦，與其說跑步，倒不如說走路或散步逛大街，無非就是觀眾較多，獨樂樂不如眾樂樂。

2009/10/31
三峽化裝家庭
跑步

Life UK的木乃伊裝
扮，至今仍然是
化裝跑步的經典
（2008/8/30大溪化
裝家庭跑步）

Tooth Pick（周淳
和）的花和尚羨煞
眾人（2008/8/30大
溪化裝家庭跑步）

阿拉伯王子
（2010/10/30鶯歌化
裝跑步）

2010/10/30
鶯歌化裝跑步

【裸體跑步】

　　裸露對洋人而言是很稀鬆平常的事，天體營、裸體海灘早已見怪不怪，Hash也不例外，噹噹時光屁股坐冰塊，不論男女，二話不說褲子馬上褪下，決不扭捏。在Interhash的晚會上，裸體表演更是屢見不鮮，2000年在澳洲塔斯曼尼亞舉辦的Interhash還特別安排一條全裸路線，無論兔子或獵狗一律回歸自然，全部光溜溜跑步，真正原汁原味的獵狗抓兔子。

　　台灣雖然比較保守，但在純男人的台北捷兔裸裎相見也很正常，在人煙稀少的荒郊野外也常有人光著屁股裸跑，吸收大自然的芬多精。其他的捷兔團體就沒那麼方便，畢竟文化不同，東方人相對保守。但西風東漸，當代台灣年輕人觀念也逐漸開放，因此裸體跑步應運而生。

　　始作俑者是那隻貓Cat Man，自從2008年去沖繩參加一次Japan Nash Hash的Naked Run（裸跑）後就一直念念不忘。那年的Japan Nash Hash有一項半夜的裸體跑步活動，從舉辦活動的民宿穿過一條公路，跑到公路對面的海灘噹噹。最有趣的是跑在公路旁時，只要遠處傳來燈光，一群人就會躲在樹後等車通過，深怕駕駛看到發生車禍。Cat Man一直想在台灣復刻，但苦無機會。

　　2年後，Cat Man在China Hash主辦一次馬祖特跑，終於實現了他的夢想。一群中外男女，半夜在馬祖街上的裸奔，嚇壞了當地居民。他們食髓知味，又把

Naked Run也納入ANT Run螞蟻特跑的標準配備。裸跑通常在半夜舉行，無法提供影像，有興趣的讀者歡迎加入捷兔行列。

關於捷兔中文名稱

戲遊共手攜・會兔捷
弟兄皆海四・此彼無

> 1977年某報關於捷兔的報導，就已把 Hash House Harriers 稱為「捷兔會」

【捷兔中文名稱溯源】

台北捷兔早期的名稱是Hash House Harriers, Taipei Chapter, Taiwan，後來才改為Taipei Hash House Harriers，中文名為「捷兔」，由於成員大多是老外，Hash的官方語言也是英語，中文名稱只是聊備一格，台灣也僅此一家別無分號，所以並無多大問題。

捷兔性質的釐清

我參加捷兔時，週報上Logo的中文名稱也只有「捷兔」兩個字，其他文件或會議紀錄則寫著「台北捷兔俱樂部」，我們都稱來參加捷兔活動為「跑捷兔」，英文叫Hashing，台語叫「走（跑）兔仔」。後來有好事者把台北捷兔的名稱加上屬性，變成「台北捷兔慢跑俱樂部」，可能和當時流行慢跑有關，很顯然這不是一項明智之舉，除了名不副實之外，也有誤導之嫌。

捷兔屬於複合性質團體，主要是社交功能，跑步喝酒只是社交手段，捷兔更有其獨特的文化，不能像其他性能單一的社團，將社團屬性置於社團名稱中，例如XX登山社、XX網球社、XX橋牌社等，況且捷兔的跑步性質和慢跑也相去甚遠。

非單一屬性的團體，如獅子會、扶輪社或某些神祕組織等，就必須從其社團宗旨或親自加入體驗才能理解，捷兔應屬此

類。至於名稱後面又加上「俱樂部」也沒有必要，一來如果要在台灣成立社團法人的話，不能使用「俱樂部」為名，至於為何會有此規定我也不明白；再者是一般稱為「俱樂部」的團體大都有固定的會所（並非絕對），顯然台北捷兔並不具備也無必要，將台北捷兔稱「社」或「會」還比較貼切。

台灣早期狀況

China Hash成立後，當時的台灣人認為「捷兔」是Taipei Hash專屬，所以另取中文名稱為「健龍」，老外不了解中文，中文名稱都是台灣人自己在瞎鬧。新竹Hash剛成立時也有相同思維，稱為「捷豹」，後面也都冠以「慢跑俱樂部」。台灣熊亦認為「捷兔」是台北捷兔專用，他們更把團體屬性定為「跑山」，取名為「台灣熊跑山俱樂部」，很顯然他們也意識到Hashing並不是「慢跑」，當時台北捷兔的週報也常把Hashing稱為跑山，顯然都是見樹不見林。

海外Hash紛紛沿用捷兔名稱

1998年，2年一次的Interhash在馬來西亞吉隆坡舉行，當地華人問我：「你們Taipei Hash的中文名稱是什麼？」他們想創新的會，要有一個中文名稱，回之：「我們就叫『台北捷兔』。」他們覺得這個名稱不錯就拿去用了，爾後馬來西亞Hash的中文名稱就叫做「捷兔」或「捷兔會」，之前他們的中文名稱有的叫「越野追蹤」，有的叫「獵走」等等，不一而足。中國某些以中國人為主的Hash團體也沿用「捷兔」來代表HHH，如舉辦過Pan Asia Hash的湖南「長沙捷兔」以及四川的「成都捷兔」都是。

台灣的Hash團體後來也以捷兔作為中文名稱

在台灣，第二個成立的是Kaohsiung Hash，因為早期成員也都是外國人，沒有很必要有中文名稱，現在也叫做「高雄捷兔」；China Hash 2016年的台籍會長Dr. Vagina Face（張起維）也將China Hash的中文名稱從「健龍慢跑俱樂部」改為「台灣健龍捷兔」，英文名稱更在2020年底改為Taiwan Hash House Harriers；Hsinchu Hash也從「捷豹」改為「新竹捷兔」，其他還有「斗六捷兔」及「台中捷兔」等亦然。很顯然，以「捷兔」或「捷兔會」來作為「Hash House Harriers」的中文名稱已是華文圈的共識。

「捷兔」名字的由來

關於「捷兔」這兩個字是誰取的，無庸置疑絕不會是老外，應該也不是台籍會員，因為在第一個本地人加入前就有了。我問過Slobbo，他也不是很確定，依稀記得是當年創會者Organ的台籍同事或雇主。若有知情人士知曉歡迎告知，此人在Hash史上應該被記上一筆。

【捷兔如人生】

捷兔是一個小社會，成員來自各行各業，無論職務高低，不分國籍、種族、膚色、宗教信仰、政治傾向等，海納百川，故能成其大。捷兔更像一個大家庭，一起歡樂、奔跑、暢飲，無拘無束，來去自如，故能存其久。

每次跑捷兔，讓我感觸最深的，莫過於總感覺捷兔的每條路線，就像一個人的人生，你事先不會知道你的人生道路會有多長。有時路線雖短，卻風光明媚、鳥語花香；有時路線又臭又長、苦不堪言。人生何嘗不是如此，有人生命雖短但豐富多采，有人雖長壽，卻過得生不如死；長又美好的路線總是在特跑時才會有，然而特跑不是天天有，美好人生也不是人人有。

人生的道路有如捷兔路，時而坎坷，時而順遂，坎坷的道路必須小心通過，步步為營，以免摔跤；遇到平坦道路即可邁開步伐，奮力前行。

每個人的一生當中也許會碰到一些Check，當你不知要往哪條道路前進時，可以選擇自己探索，找出正確的道路，其間難免誤入歧途，浪費時光；或等候他人解鎖，指點迷津，跟著他人成功腳步前進，但千萬別在人生的Check處迷失方向。體力好的人，在Check處搜尋碰壁後，總能很快再度迎頭趕上；體力稍遜者，一步一腳印，跟隨他人步伐也能走出坦途；雖慢，還是會到達終點。人生來本就不平等，坦然接受才能在人生的捷兔路上愉快地向前行。

我不喜歡起跑前兔子透露太多關於路況的訊息，除了有違獵狗追兔子的原意外，也減少了捷兔跑步特有的挑戰性與神祕感，路線長短及路況如何跑了才知道，人生何嘗不是如此？若已知道自己一生將會在何時結婚生子、何時生病、何時飛黃騰達或窮苦潦倒、何時行將就木，像這樣按表操課的人生毫無樂趣，跑捷兔亦然。

最後，用一個小故事作為本書結尾，也算是我跑捷兔的意外收穫。

1990年筆者辦理紐西蘭移民時，面試移民官問了我一個問題：

「你有和外國人相處的經驗嗎？」相信有經驗的話多少會加點分。

「我有參加一個叫『Hash House Harriers』的『Jogging club』，那裡有很多外國人。」我說。

很顯然他不是很同意我「Jogging Club」的說法，他微笑地看著我，用手比了一個喝啤酒的姿勢，並說了一聲：

「ON ON！」

捷兔

全宇宙最High的跑步咖

唱歪歌闖禁區、光屁股坐冰塊……
最不正經的野跑俱樂部，
週週突破極限，跑玩全台

作者Bamboo
主編呂宛霖
責任編輯丁奕岑
封面設計羅婕云
內頁美術設計羅婕云、徐昱

執行長何飛鵬
PCH集團生活旅遊事業總經理暨社長李淑霞
總編輯汪雨菁
行銷企畫經理呂妙君
行銷企劃專員許立心

出版公司
墨刻出版股份有限公司
地址：台北市104民生東路二段141號9樓
電話：886-2-2500-7008／傳真：886-2-2500-7796
E-mail：mook_service@hmg.com.tw

發行公司
英屬蓋曼群島商家庭傳媒股份有限公司城邦分公司
城邦讀書花園：www.cite.com.tw
劃撥：19863813／戶名：書虫股份有限公司
香港發行城邦（香港）出版集團有限公司
地址：香港灣仔駱克道193號東超商業中心1樓
電話：852-2508-6231／傳真：852-2578-9337
城邦（馬新）出版集團 Cite (M) Sdn Bhd
地址：41, Jalan Radin Anum,
Bandar Baru Sri Petaling,
57000 Kuala Lumpur, Malaysia.
電話：(603)90563833／傳真：(603)90576622／
E-mail：services@cite.my
製版・印刷漾格科技股份有限公司
ISBN978-986-289-753-9・978-986-289-754-6（EPUB）
城邦書號KX0046 **初版**2022年10月
定價580元
MOOK官網www.mook.com.tw
Facebook粉絲團
MOOK墨刻出版 www.facebook.com/travelmook
版權所有・翻印必究

國家圖書館出版品預行編目資料

捷兔，全宇宙最High的跑步咖：唱歪歌闖禁區、光屁股坐冰塊……
最不正經的野跑俱樂部，週週突破極限，跑玩全台灣／Bamboo 作.
-- 初版. -- 臺北市：墨刻出版股份有限公司出版：英屬蓋曼群島商
家庭傳媒股份有限公司城邦分公司發行, 2022.10
212面；16.8×23公分. -- (Theme ;46)
ISBN 978-986-289-753-9(平裝)
1.CST: 賽跑
528.9464　　　111013930